YO SOY JESÚS DE NAZARET:

ESTA ES MI HISTORIA

SEGÚN LO CONTADO POR EL
SEÑOR JESUCRISTO, EN
COLABORACIÓN CON

MYRA LÓPEZ

DEDICATORIA

—•••●•• ——

Para aquellos que tengan la oportunidad de leer esta historia. Si experimentas sensaciones de desorientación. Si sientes que el mundo no tiene sentido en este momento, lo entiendo. Quizás no sepas por qué tomaste esa decisión. La vida puede dejarnos sin aliento. A veces, puede distorsionar nuestro rumbo. Nos hace dudar de si alguna vez seremos completos.

Escribí este libro no como quien sabe todo, sino como alguien que también ha tenido tus dudas. Si te sientes confundido, inseguro o cansado de fingir, espero que estas páginas te ayuden a encontrar respuestas. Espero que te recuerden que no es demasiado tarde para dar un cambio a tu vida. Comenzar de nuevo y creer que la sanación y la verdad son factibles. Este libro es mi mano tendida a la tuya. No estás solo.

Este libro fue escrito para ti. Con sinceridad y esperanza, recuerda que, no importa cuán lejos estés, siempre hay un camino de regreso. Todos buscamos un propósito en este mundo, sobre todo en tiempos de crisis. Quiero que sepas que existe un camino mejor que se inicia con la fe. Si estas palabras te ayudan a encontrar paz, aunque sea un poco, cada página valió la pena

TABLA DE CONTENIDO

INTRODUCCIÓN

L a redacción de este libro no fue una acción premeditada, pero tampoco fue una coincidencia. Nunca imaginé que acabaría escribiendo un libro, y menos aún uno con un trasfondo cristiano. A lo largo de mi vida, solo he leído algunos fragmentos de la Biblia. Esas lecturas me han dejado huella, pero no puedo afirmar que conozca bien sus enseñanzas.

Una situación inesperada me motivó a escribir el libro. Nunca lo había pensado. Sucedió una mañana serena, hace apenas varias semanas. Dios despertó algo profundo en mí que cambió mi vida para siempre.

Era sábado por la mañana, cerca de las 9:00 a. m. Estaba sentada frente a mi computadora, editando otro libro. Era algo que ya había hecho muchas veces. En la quietud del momento, escuché una voz clara y firme que me decía: "Escribe mi libro". Me sorprendió, pero no le presté atención; pensé que era mi imaginación y continué trabajando. En un intervalo de segundos volví a escuchar la voz que me dijo: "Escribe mi historia". Lo ignoré y continué editando mi nuevo libro. Hubo una pausa y luego escuché la voz nuevamente, pero más fuerte, que me dijo: "Yo soy Jesús de Nazaret". Luego dijo "en primera persona".

Me quedé inmóvil, incapaz de moverme ni de entender lo que estaba sucediendo. Sentí una emoción que nunca había sentido anteriormente. Mis lágrimas fluían por mi rostro. No podía parar de llorar. Sentía el corazón latir con fuerza. ¿Me estaría hablando Jesús? —me preguntaba. No sabía qué hacer ni qué decir. Me sentía confundida. Fue entonces cuando me di cuenta de que había recibido una llamada de Dios. No se trataba de mi imaginación; era la voz de Jesús, una petición del cielo.

Desde ese momento, comprendí que mi vida ya no podía seguir igual. Tenía la obligación de transmitir un mensaje que no era de mi autoría, sino de Jesús. No sabía mucho sobre la Biblia. Había leído partes de ella, pero no toda. ¿Cómo podría hacerlo? ¿Escribir un libro sobre Jesús sin conocer sus enseñanzas?, me preguntaba. Empecé a orar e inicié un diálogo con Jesús. Le pedí sabiduría y entendimiento para poder escribir su libro. Oré pidiendo su ayuda. ¿Cómo lo haría?

Comencé a escribir, escuchando la guía de Jesús mientras trabajaba. Tras doce horas sentada frente a la computadora, terminé el libro. Mientras lo escribía, lloré mucho. Las palabras de Jesús impactaron mi corazón como una espada que lo atravesaba. No escribí este libro, al menos no yo sola. No fui la autora de este libro, al menos no en solitario. El libro fue redactado a través de mí.

Este libro es para quienes deseen entender la importancia de la conversión y el arrepentimiento en la vida cristiana. A través de estas páginas, descubrirás las enseñanzas de Jesús acerca de los principios cristianos fundamentales. Encontrarás testimonios en las Escrituras. Te harán reflexionar sobre lo vital que es estar espiritualmente listo para su regreso. Encontrarás palabras, incluso oraciones repetidas, pero así lo quiso Él. Jesús deseaba que no solamente las leyeras, sino que las recordaras constantemente. ¿Qué es más beneficioso que leerlas en múltiples ocasiones?

Jesús nos invita a vivir vidas santas. Debemos estar libres de pecado y comprometidos con la verdad del Evangelio. Sin embargo, no podemos desviarnos del camino que nos lleva a la vida eterna. Resulta fácil en un mundo lleno de distracciones. En este libro no encontrarás teoría. Es una invitación a transformar nuestras vidas. Cada capítulo desafía nuestras creencias. Nos invita a reflexionar sobre nuestras vidas, nuestras debilidades y todo lo que hemos hecho, tanto lo bueno como lo malo. Nos instruye a tomar decisiones que definirán nuestras vidas para siempre. Nos invita a una conversión genuina, no superficial; a una renovación completa de mente y corazón.

Este libro explora nuestra conexión con Dios y describe el trayecto hacia una vida plena. Quiero que cada palabra en este texto toque el corazón de los lectores. Debemos entregarnos a Dios con sinceridad y amor.

Que el Espíritu Santo guíe todos tus pensamientos y que este mensaje del Señor Jesucristo sea una luz en la penumbra.

Que este libro motive a los lectores, refuerce su fe y despierte el arrepentimiento.

Que este mensaje de Jesús transforme tu vida, de la misma manera como transformó la mía, con fe y humildad.

CAPÍTULO 1

LA ESPERANZA DE
UN PUEBLO

• — · · ● · · — •

D urante años, mi pueblo ha esperado a su Salvador. Él cumplirá las promesas de mi Padre. Desde los días de Abraham, Dios prometió crear una gran nación de sus descendientes. Moisés obedeció a mi Padre y los liberó de la esclavitud en Egipto. Los guió hasta la Tierra Prometida. Durante el reinado de David, Jerusalén brilló cons la gloria de un reino duradero. Tras siglos de exilio y sufrimiento, la esperanza de Israel se transformó en un anhelo intenso.

Mi nacimiento se produjo en épocas de opresión y desesperanza. No llegué en tiempos de paz. He llegado en la época en que mi pueblo residía bajo el control de Roma. Esta potencia extranjera imponía impuestos elevados y disponía de soldados patrullando cada vía pública. Vi el sufrimiento de mi pueblo, su angustia y su desaliento. Observaba sus corazones implorando por un Salvador. Querían a alguien que los liberara, restaurara a Israel y cumpliera las antiguas promesas de Dios.

Recuerdo las historias que me contaba mi madre. Me contó cómo el ángel anunció mi llegada. Nací de forma muy humilde, en un pesebre, lejos de los palacios reales. Mi madre decía que unos pastores vinieron a verme, guiados por una visión. Los Reyes Magos de Oriente también trajeron regalos desde lejos. Sabían que yo era el rey que habían estado esperando.

Crecí en Nazaret, un pueblo pequeño y sin importancia. Allí aprendí el oficio de mi padre, José. La madera se convirtió en parte de mi vida: la suavidad de las virutas, el peso de las tablas, el sonido del martillo. Cada día, en medio del trabajo, observaba a mi gente. Veía el cansancio en sus rostros, la lucha cotidiana por la sobrevivencia. También noté cómo se aferraban a la ley de Moisés. Buscaban en ella la respuesta a sus sufrimientos. Vi a los fariseos presionar para mantener la pureza y la obediencia. Los saduceos ejercían el poder en el templo mediante la política. Los zelotes alzaban sus armas en Rebelión.

Mientras tanto, los esenios se retiraron al desierto, esperando el juicio divino. Cada uno, a su manera, buscaba la redención. Sin embargo, yo estaba plenamente consciente de que la salvación no llegaría mediante guerras, reglas ni aislamiento.

Desde muy joven, sentí en mí el llamado del Padre. Con solo doce años, fui con mis padres a Jerusalén y me quedé en el templo. Allí hablé con los maestros de la Ley, les hice preguntas y yo respondí las suyas. Se asombraron con mis palabras, pero a mí me parecía algo natural. Me sentía como en casa, estaba en la casa de mi Padre. Pero aún no era mi hora. Regresé a Nazaret y crecí en sabiduría, también en estatura, esperando el tiempo señalado por Dios.

El pueblo seguía esperando un rey. Muchos creían que el Mesías llegaría con un ejército y una espada. Pensaban que derrotaría a Roma y establecería un trono glorioso en Jerusalén. Pero el Reino que yo les traía no era de este mundo. No era un reino de poder terrenal. Me enfoqué en transformar el corazón. No vine a liberar a Israel del dominio de Roma. Yo vine a liberar al mundo del dominio del pecado y de la Muerte.

Llegado el momento, supe que debía emprender mi viaje. Dios me guio directamente al río Jordán, donde mi primo Juan predicaba y bautizaba. La gente acudía a él porque decía la verdad y confiaban en él. Después de todo, él les dijo que se prepararan, que el Reino de Dios estaba cerca. Cuando entré al agua y Juan me vio, supe que entendía quién era. Al principio, no quería bautizarme; dijo que yo debía bautizarlo a él. Pero insistí porque tenía que completarlo todo.

Al salir del agua, el cielo se abrió y el Espíritu de Dios descendió sobre mí como una paloma. Una voz clara y firme resonó: "Este es mi Hijo amado, en quien tengo complacencia". Fue justo en ese momento, que supe que había llegado el tiempo. Desde ese día, marqué mi camino. Pero no sería fácil. No todos aceptarían lo que traía. Algunos, incluso de mi grupo, se alejarían de mi mensaje. No coincidía con lo que esperaban. Querían un libertador político, un guerrero, un nuevo David. Vine a ofrecerles algo más: el amor del Padre, la reconciliación y el perdón de los pecados. Todavía puedo ver sus rostros: los sacerdotes en el templo, aferrándose al poder; los fariseos, centrados en la Ley, pero sin captar el corazón de Dios; los pescadores en el Mar de Galilea, agotados por el trabajo y deseando más; las mujeres al margen de la sociedad y los niños alegres jugando en las cercanías.

Vi a los pobres luchando por comida, a los enfermos abandonados, y a los religiosos aferrándose a reglas estrictas. Vi el miedo en los ojos de quienes temían al imperio y el anhelo de quienes esperaban al Mesías. Susurraban sobre un rey que vendría con poder, reuniría ejércitos y restauraría el Reino de Israel. Pero el Reino que yo traía no era de este mundo.

No vine a condenar al mundo, sino a salvarlo. Mi misión no fue establecer un trono en Jerusalén, sino abrir el camino al Padre. No traje cadenas ni espadas, pero si libertad y vida. Aunque muchos no lo entendieron al principio, me di cuenta de que mi camino implicaría sufrimiento y la cruz. Aun así, estaba seguro de que la esperanza de mi pueblo no sería en vano. Porque el amor de Dios es mayor que el poder de los hombres, y esa era la verdadera promesa que yo había venido a cumplir.

No llegue con el propósito de ocupar un trono, sino a proporcionar vida; no con el objetivo de conquistar naciones, sino a conquistar corazones. Mi Padre me envió con el propósito de brindar esperanza a los corazones quebrantados, sanar a los heridos, buscar y salvar a los confundidos para que no se pierdan. Mi pueblo esperaba un libertador con espada, pero yo arribé con amor. Fui enviado para representar el amor absoluto y eterno de Dios.

CAPÍTULO 2

EL NACIMIENTO DE EL SALVADOR

M i historia comenzó mucho antes de aquella noche en Belén; mi padre ya había preparado el camino antes de crear el mundo. Los profetas hablaron de mí, anunciando mi llegada. Describieron el momento en que la luz descendería sobre la oscuridad. Cuando llegó el momento, entré al mundo no como un rey, sino como un niño frágil, nacido en la humildad.

Mi madre, María, era una joven sencilla de Nazaret. Que amaba profundamente a Dios. Así que, cuando el ángel Gabriel le dijo que daría a luz al Hijo de Dios, ella lo aceptó de inmediato, con fe. Aunque aún no comprendía la magnitud de lo que estaba sucediendo.

Mi padre, José, era un hombre justo. Al principio, dudó cuando se enteró del embarazo de mi madre. Entonces Dios le habló en un sueño y le reveló que había cumplido la promesa. Entonces, con amor y obediencia, me recibió como su Hijo.

Durante el embarazo de mi madre, el emperador César Augusto ordenó un censo. Su objetivo era que todos fueran contados. Al enterarse de esta noticia, mis padres optaron por trasladarse de Nazaret a Belén, la ciudad de David. La travesía fue ardua. Con su vientre ya bastante grande, mi madre procedió con paciencia. Cuando llegaron, el pueblo estaba lleno de viajeros. No había un solo lugar donde descansar, así que encontraron refugio en un establo durante la noche. Fue allí donde mi madre me dio a luz. No hubo anuncios reales ni trompetas de palacio, solo el susurro del viento y el reconfortante calor de los brazos de mi madre. Me envolvió en pañales y me acostó en un pesebre, un sencillo comedero para animales. En ese momento, la gloria de Dios brilló no en templos de oro, sino en la humildad de un establo. Así fue mi primera noche en la tierra.

Pero, aunque mi nacimiento ocurrió en la sencillez, el cielo no permaneció en silencio. En los campos cercanos, un grupo de pastores cuidaban sus ovejas. Eran hombres olvidados por muchos y considerados insignificantes en la sociedad. Sin embargo, fueron los primeros en recibir la noticia. Un ángel se les apareció en la oscuridad de la noche y la gloria de Dios los rodeó. Con temor y asombro, escucharon las palabras que cambiarían la historia: la voz les dijo que no tuvieran miedo. También les dijo que traía buenas noticias y gran alegría. Les dijo que María daría a luz a un niño llamado Jesús. "Él será el Salvador del mundo, el Hijo de Dios".

Con prisa y sin dudar, los pastores lo dejaron todo y corrieron a buscarme. Cuando llegaron al establo y me encontraron en el pesebre, se dieron cuenta de que lo imposible se había hecho realidad. La promesa de Dios se estaba cumpliendo ante sus propios ojos. Ellos adoraron con humildad y, llenos de alegría, fueron a contar a todos lo que habían visto.

Varios días después, llegaron otros visitantes. Dijeron que una estrella en el cielo los guió. Dijeron que eran sabios de tierras lejanas que estudiaban las señales y conocían todas las profecías antiguas. Dijeron que habían visto mi estrella brillar en el este, así que la siguieron. Sabían que el Rey, prometido por Dios, había nacido. Al entrar al establo, se conmovieron; se inclinaron y me adoraron. No vinieron por casualidad; vinieron porque mi Padre los guió. Me trajeron regalos significativos: oro por mi realeza, incienso por mi divinidad y mirra para demostrar que un día sufriría y moriría por el mundo.

Pero no todos recibieron la noticia con alegría. En Jerusalén, al enterarse de mi nacimiento, el rey Herodes sintió miedo. Un nuevo rey representaba una amenaza para su trono. Sin comprender que mi reino no era de este mundo, planeó deshacerse de mí antes de que pudiera crecer.

Dios advirtió a los Reyes Magos en sueños que no regresaran a Herodes y también le habló a José, diciéndole que debíamos huir. En plena noche, nos levantamos y partimos hacia Egipto, dejando atrás la tierra de nuestros antepasados. Desde mi temprana infancia, enfrenté rechazo y persecución. Incluso de niño, el mundo ya intentaba silenciarme. Pero mi Padre siempre me protegió.

Después de muchos años, regresamos a Israel, pero no a Belén. Fuimos a Nazaret. Donde crecí con mi familia, que era de clase trabajadora. Para el mundo, era el hijo del carpintero. Pero en el fondo, sabía que mi misión estaba comenzando. Mi nacimiento no fue solo un acontecimiento histórico. Fue el cumplimiento de una promesa eterna. Desde mi primer llanto en aquel pesebre hasta mi última palabra en la cruz, tuve un solo propósito: traer salvación, luz y esperanza a todo aquel que cree.

Y así, en la humildad de una noche en Belén, el Salvador vino al mundo. Desde ese momento en Belén, mi Padre marcó mi vida con su propósito. Mi nacimiento no fue una coincidencia ni un simple acontecimiento en la historia de Israel. Cumplió una promesa hecha hace mucho tiempo, en tiempos de Abraham. Dios dijo que sus descendientes bendecirían a todas las naciones.

Los pastores me vieron y creyeron. Los Reyes Magos me buscaron y se inclinaron ante mí. Pero algunos temieron mi llegada; vieron en mí una amenaza más que una esperanza. Siempre ha sido así. Algunos corazones se abren a la luz, mientras que otros permanecen en la oscuridad.

Mi familia y yo vivimos como extranjeros en Egipto hasta que pasó el peligro. Cuando Herodes murió, mi Padre, José, recibió instrucciones de regresar a nuestra tierra natal. En lugar de regresar a Belén, nos establecimos en Nazaret. Era un pequeño pueblo sin gloria ni importancia.

Allí crecí, aprendí el oficio de José y viví entre la gente común. A primera vista, no tenía nada de especial. Pero en mi interior, la voz de mi Padre resonaba con claridad. Sabía que mi hora aún no había llegado, pero cada día me acercaba más a la misión para la que Él me había enviado.

Los días de mi infancia y juventud fueron días de preparación. Mientras el mundo seguía esperando a su Mesías, yo caminaba entre ellos, sin ser reconocido. Pero el momento de mi manifestación se acercaba. La esperanza de mi pueblo no era en vano. El Salvador ya estaba allí; pronto, el mundo conocería la verdad.

CAPÍTULO 3

INFANCIA Y JUVENTUD EN NAZARET

— • •●• • —

Crecí en Nazaret, un pueblo pequeño y sin importancia para el resto del mundo. Sus calles eran polvorientas, sus casas sencillas y gente trabajadora fueron el escenario de mis primeros años. Eran personas humildes que trabajaban diariamente para sobrevivir. Los hombres se dedicaban a la agricultura o el oficio de sus progenitores, mientras que las mujeres cuidaban de sus hogares y educaban a los hijos.

Crecí rodeado de gente humilde: agricultores que hablaban de las dificultades del trabajo, pescadores que contaban sus historias del Mar de Galilea y niños que soñaban con un futuro mejor. Pasé mi infancia allí, rodeado de las mismas personas, rostros familiares, vecinos que se saludaban a diario y niños que corrían por las calles despreocupados.

Desde muy joven, me sentí atraído por las Escrituras. Me centré en la Torá y las lecturas del profeta en la sinagoga. Cada palabra hablaba de mi Padre, de su amor y de sus promesas. A medida que mis compañeros aprendieron las tradiciones de nuestros antepasados, comprendí que cada profecía señalaba mi venida.

A medida que los días se alargaban y las estaciones cambiaban, mi vida en Nazaret continuaba tranquila, marcada por el trabajo y el aprendizaje diario. No había nada extraordinario en mí a los ojos de quienes me vieron crecer, pero, en mi alma había algo profundo, algo que nadie más podía ver. Los ojos de otros solo veían a un niño y más tarde, a un joven que se convertía en hombre, pero algo mucho más significativo formó mi espíritu.

Aun así, viví como cualquier joven de Nazaret. Ayudaba en casa, trabajaba en el taller con José, caminaba por los campos y observaba las estrellas por la noche. Nadie en mi pueblo sospechaba que yo era el Mesías. Para ellos, yo era solo Jesús, el hijo del carpintero.

Mis padres siempre fueron un ejemplo de fe. Mi madre, siempre serena, reflejaba una confianza inquebrantable en Dios. Ella me contaba historias sobre mi nacimiento, de los pastores que me visitaron, de los Reyes Magos de Oriente, que me trajeron regalos y de cómo mi familia tuvo que huir de Egipto para protegerme. Recuerdo su mirada amorosa mientras me hablaba de la voz del ángel, sobre la promesa de Dios y cómo todo estaba escrito antes de que yo viniera al mundo.

Cada día, mi madre me enseñaba a orar, a meditar en las Escrituras y a vivir en armonía con la voluntad de nuestro Creador. Ella representó mi primer ejemplo de devoción y el amor que manifestaba, reflejando su amor por Dios.

Mi padre, José, era un hombre justo y trabajador. Me enseñó lo que significaba ser un hombre íntegro, humilde y trabajador. A pesar de que nunca establecí una conexión directa con mi Padre celestial hasta mucho tiempo después, su amor se manifestaba claramente en el cuidado y la dedicación con que José me trataba. Habitualmente dedicaba horas a su taller, trabajando en la talla de madera y en la construcción de puertas, mesas y arados para los habitantes de la aldea.

Desde muy joven, pasé tiempo con él, observándolo de cerca y aprendiendo el oficio que había mantenido a nuestra familia. La madera se convirtió en parte de mis días: el olor a aserrín, el sonido del martillo, la sensación de las astillas en mis manos eran lo cotidiano. Pero mientras mis manos aprendían a trabajar la madera, mi corazón estaba en otra parte. Desde pequeño, sentí una profunda conexión con mi Padre celestial. Aunque crecí como cualquier otro niño, jugando y aprendiendo en la sinagoga, sentía que mi propósito se extendía más allá de lo que otros podían ver.

Recuerdo los momentos de mi niñez. Específicamente, durante nuestro viaje a Jerusalén para la celebración de la Pascua. Me impregnaba de alegría y emotividad. Esto se realizaba anualmente, dado que constituía una festividad única y una de las más significativas para nuestra comunidad. Los peregrinos inundaban la ciudad, el templo resplandecía en lo alto y la alegría se reflejaba en las expresiones de los pelegrinos y los niños.

En una ocasión, después de las festividades, mi familia emprendió el regreso a Nazaret con un grupo de viajeros. Mis padres pensaron que yo estaba con ellos entre la multitud, pero se angustiaron al darse cuenta de que yo no estaba allí. Regresaron a Jerusalén y me buscaron durante tres días preocupados, pues no sabían qué me había pasado. Después de haber buscado en cada rincón de Jerusalén, me encontraron en el templo. Estaba en la iglesia, hablando con los sacerdotes, escuchándolos, haciendo y respondiendo preguntas. Los ancianos me miraban con asombro, maravillados por mi comprensión y mis respuestas. Cuando mi madre me vio, corrió hacia mí, aliviada, pero preocupada. "Hijo, ¿por qué nos has hecho esto?" "Tu Padre y yo te hemos estado buscando angustiados".

Respondí con cuidado, sabiendo que mis palabras podrían no tener sentido en ese momento. "¿No sabías que debo ocuparme de los asuntos de mi Padre?". No entendieron del todo lo que dije, pero mi madre atesoró esas palabras. Ese día, aunque regresé con ellos a Nazaret y seguí creciendo en obediencia, mi alma supo que se acercaba el momento de mi misión. Pasaron los años y el anhelo de mi pueblo seguía creciendo. Escuché las conversaciones de los ancianos, los susurros de los sacerdotes, las expectativas de los fariseos y el sufrimiento de los pobres. Todos esperaban al Mesías, pero pocos imaginaban cómo vendría.

Algunos soñaban con un líder militar que liberaría a Israel del dominio romano. Otros anhelaban un sumo sacerdote que restauraría la pureza del pueblo. Poco sabían que sentía la necesidad de hablar y decir la verdad. Quería decirles quién era, pero no era el Salvador que esperaban no era de este mundo, que el Salvador del mundo no vendría a luchar ni a reclutar ejércitos. Tampoco estaba interesado en tomar el trono de Jerusalén por la fuerza. Mi misión era mayor: traer salvación, restauración y vida eterna. Desde pequeño, comprendí que yo no era igual a los demás niños. Me sentía diferente. A medida que iba creciendo, empecé a comprender quién era y las razones por las cuales me encontraba en ese lugar. Sabía que no podía decir nada. Solo esperar el momento apropiado. Tenía que esperar la voz de mi Padre; Él me informaría cuándo se aproximaría el momento.

Conforme pensaba, podía escuchar la voz de mi Padre. El eco de su voz se intensificaba en mi corazón. Durante las horas nocturnas en Nazaret, observaba el firmamento. Pasaba largas horas contemplando las estrellas. Sentía una sensación de alegría. Era como si estuviera en presencia de mi Padre. Su amor y su plan se iban revelando progresivamente.

Todas las noches meditaba en silencio, pensando en mi futuro. Sabía que mi vida no sería fácil; no era un simple hombre de Nazaret. Estaba allí con un propósito. Sin embargo, aún no había llegado el momento oportuno. El deseo de seguir los caminos de mi Padre celestial y cumplir su voluntad ardía en mi corazón, pero aún no había llegado el momento adecuado.

Aunque todos en Nazaret esperaban al Mesías, nadie me veía como el indicado para cumplir esa promesa. Para ellos, yo era el hijo de José, un joven trabajador que algún día podría hacerse cargo del taller de su padre. No me sentía distante ni superior. Al contrario, vivía en comunión con la gente normal y compartía sus alegrías y sus penas. Ayudaba en todo lo que podía, desde la carpintería hasta acompañar a los pequeños a la sinagoga.

No me formé solo en la sinagoga. También crecí en momentos de silencio, oración y meditación profunda. Mi alma anhelaba más. Quería comprender no solo las palabras de la Torá, sino también la realidad que se escondía tras ellas. Sentía que mi Padre me había llamado para algo grande. Guardé esto en mi corazón, esperando el momento de darme a conocer.

A veces, sentía que mi vida se desvanecía en un pueblo que parecía ajeno al brillante futuro que se avecinaba. Algunos me miraban con respeto por mi destreza con las manos, pero nadie parecía notar la llama que ardía en mi interior. Mientras caminaba por la calle, observaba a la gente que me rodeaba. Podía ver sus luchas diarias y el peso de sus esperanzas frustradas. Había sufrimiento en cada esquina, y eso también quedó grabado en mi alma.

Desde joven, las palabras de los profetas vivían en mí. No se limitaban a ser lecciones o relatos; las percibía como algo que siempre había tenido en cuenta, como si estuvieran plasmadas en mi corazón mucho antes de tener la capacidad de entenderlas. Hablaban de un ser prometido que daría vista a los ciegos, esperanza a los quebrantados y libertad a los encadenados. Cada vez que escuchaba sus palabras, algo profundo en mí se conmovía. Era como si hablaran de mí. Y aunque entonces no lo comprendía del todo, sentía su peso oprimiendo mi alma — un llamado y una carga que no podía ignorar.

Nadie a mi alrededor sabía lo que cargaba. Para ellos, yo era solo Jesús—el hijo de José, el chico de María. Jugábamos en las calles, compartíamos comidas y reíamos bajo las estrellas. Pero dentro de mí, una tormenta crecía. Sentí la llamada como fuego en mis huesos, pero la contuve. Muchas veces gritarle y decirles quién era y por qué había venido, pero aún no era el momento.

Observaba a las personas, incluyendo a mis vecinos, mis amigos e incluso desconocidos en el mercado. Me preguntaba si ellos también podían percibir la misma sensación de que algo se avecinaba, que el mundo estaba a punto de cambiar. Anhelaba hablar, revelar lo que el Padre había puesto dentro de mí. Pero sabía que esa revelación tenía su hora y la mía aún no había llegado.

En Nazaret, vieron a un carpintero, no a un rey; a un ayudante de taller, no a la esperanza de Israel. Aun así, los amé. Incluso en sus dudas y en su ceguera. Esperé con paciencia, aunque mi espíritu ardía con la verdad. Todos los días, caminaba entre ellos, consciente de mi identidad y sabiendo que la mayoría de las personas jamás lo entenderían.

No obstante, deposité mi fe en el tiempo de mi Padre. Confié en que, cuando llegara el momento, Él abriría la puerta. Hasta entonces, escuché. Obtuve conocimientos. Observé el mundo con los ojos y el corazón abierto. Y esperé no como un Salvador distante, sino como un hijo, que transita por la tierra con el peso del cielo, agitándose en mi interior.

Me preguntaba cómo reaccionaría la gente al enterarse quién yo era. ¿Me creerían? ¿Me rechazarían?. Entendía que no iba a ser fácil. Comprendí que mi camino me llevaría al sacrificio y a enfrentar oposición, e incluso mis seres queridos dudarían de mí. No obstante, no hubo miedo en mi corazón desde mi crecimiento y la presencia de los abusos por parte de los romanos en contra del pueblo de Israel, hasta el instante en que cargaría una cruz y traería la salvación al mundo. Mi Padre me profesaba fe.

Con el paso de los años, supe que la espera casi había terminado. Pronto, el silencio de mi juventud daría paso a la voz que clamaba en el desierto. Pronto, los días de trabajo en el taller quedarían atrás, ahora los enfermos, los pecadores y los quebrantados acudirían a mí en busca de sanación y perdón. Nazaret fue mi hogar, donde crecí y me preparé. Pero mi camino no terminó allí. El mundo entero escucharía el mensaje de mi Padre. Y así, con cada día que pasaba, orando en secreto y meditando en la palabra de la Escritura en mi corazón, el momento de mi misión se acercaba.

No lo sabían ni lo entendían aún. Pronto, el hijo del carpintero de Nazaret caminaría entre ellos. Por fin verían la esperanza que habían albergado durante siglos de una vida mejor.

Un día, mientras caminaba por las colinas que rodean Nazaret, contemplando el apacible paisaje de Galilea, sentí una profunda paz, como si la creación misma me hablara. En ese momento, el universo entero pareció alinearse y comprendí que mi misión era para mi pueblo y para el mundo. El tiempo me preparó para la obra que mi Padre celestial tenía para mí. El llamado que había sentido desde joven era ahora más evidente que nunca, el Espíritu de Dios me preparaba para el camino que debía tomar.

Yo estaba consciente de que no sería una tarea sencilla. Las dificultades serían considerables, pero los desafíos serían de mayor envergadura. En ocasiones, albergaba incertidumbre acerca de cómo reaccionarían las personas, si me aceptaría de verdad y si podrían identificar en mí al Mesías prometido que anticipaban. No obstante, no era necesario, dado que el amor de mi Padre era suficiente. En Nazaret, la vida parecía sencilla, tranquila y familiar, pero algo más significativo se gestaba en mi interior. Pronto, la quietud de aquellos años daría paso a una misión que cambiaría la historia para siempre.

CAPÍTULO 4

BAUTISMO Y EL
LLAMADO DIVINO

— · · ● · · —

El día en que todo cambió, mi misión tomó forma ante los ojos de todos y no fue como cualquier otro. Recuerdo ese día con una claridad que nunca se desvanece. Marcó el inicio de un camino que me llevaría a través del desierto, hacia las multitudes y, finalmente, a la cruz.

Crecí aprendiendo las Escrituras, estudiando la Ley de Moisés, las profecías de Isaías y las promesas dadas a nosotros, el pueblo de Israel. Sentía que cada paso en mi vida me conducía hacia un sendero inmenso, como si un propósito mayor guiara mi camino. Era algo que escapaba a la lógica humana. Comprendía, con una certeza profunda, que el Reino de Dios no era una esperanza para los míos, sino un regalo destinado a toda la humanidad.

Durante mucho tiempo, sentí en lo más profundo de mi ser, un llamado que no podía explicar, y opté por el silencio, aguardando con fe el momento en que mi Padre me revelaría cuándo debía actuar.

Fue entonces, cuando el río Jordán se cruzó en mi camino, que todo se aclaró. Sabía que había llegado el momento de mi aparición. Sabía que mi ministerio debía comenzar en ese río, en las aguas de purificación que mi pueblo había esperado tanto.

Había oído hablar de Juan el Bautista, quien predicaba el arrepentimiento y el perdón de los pecados. Su mensaje conmovió a muchos que acudían al río para ser bautizados. Sentían la necesidad de perdón y un nuevo comienzo. Algunos lo veían como el precursor del Mesías, quien prepararía el camino para el Salvador. Sabía en mi corazón que era en ese momento en que mi Padre me llamaba a salir de las sombras de Nazaret y presentarme al mundo como el Hijo de Dios, como el que traería la salvación.

El río Jordán era un lugar de encuentro, reconciliación y esperanza. Quienes se acercaban al agua, lo hacían en busca de algo más significativo. No venían solo para un ritual, sino para una verdadera transformación de sus corazones. En sus ojos, vi la esperanza de generaciones enteras. Esperaban la llegada de un redentor, y yo, aunque aún no lo sabían, era ese redentor.

Me acerqué al río con determinación. Sabía que debía someterme al bautismo de Juan, aunque en mi corazón no había pecado que purificar. El propio Juan parecía estar en duda al observar que me aproximaba hacia él. Conocía la grandeza de mi llegada. Él comprendió que no era digno de ser bautizado por él. Respondí con una mirada serena, sabiendo que debía cumplir con este acto, como fue escrito en la Biblia. "Soy yo quien necesita ser bautizado por ti", me dijo con voz humilde y reverente, "¿y tú vienes a mí?", preguntó. Él no lo comprendió del todo, pero aceptó mi petición. Con una obediencia que brotó de lo más profundo de mi ser, me sumergí en las aguas del Jordán, y al salir, de inmediato, sentí un cambio en mi interior. No fue solo el agua lo que me rodeaba, sino el Espíritu Santo descendiendo sobre mí como una paloma. Fue un momento de pureza, de perfecta comunión con mi Padre, cuando su voz poderosa y amorosa resonó en los cielos: "Este es mi Hijo amado, en quien tengo complacencia".

El bautismo fue el primer acto visible de mi total obediencia a la voluntad de mi Padre. Fue como si, al sumergirme en las aguas del Jordán, me entregara por completo a la misión que me aguardaba. Comprendí que era más que un símbolo. Era un paso para cumplir las promesas hechas a Israel. Ya se aproximaba la realización de las profecías de años anteriores.

Cuando salí del agua, el cielo pareció dar testimonio. La voz de mi Padre era clara y fuerte y, aunque los presentes no la comprendieron del todo, supe que era la confirmación de que había llegado el momento. Fue el comienzo de mi ministerio público y la manifestación de que mi relación con el Padre estaba perfectamente alineada. Mi misión fue más significativa que cualquier cosa que la gente pudiera entender. Mi Padre me eligió y la intención detrás de esa elección era para el mundo entero.

Lo que sucedió a continuación fue diferente a todo lo que había sentido antes. Al levantarme de las aguas, los cielos parecieron abrirse y el Espíritu de Dios descendió sobre mí, manso como una paloma, pero con una fuerza indescriptible. En ese momento, algo en lo profundo de mí despertó por completo. El llamado que había permanecido en silencio durante un extenso periodo de tiempo, ahora resonaba con claridad. Comprendi que yo era el Cordero, elegido para cargar con el peso del pecado del mundo. Mi Padre me lo había confirmado. Su voz resonó no solo a mi alrededor, sino a través de mí. Ya no había dudas ni esperas. Mi Padre había marcado el camino y debía seguirlo sin importar el costo.

Después de este bautismo, no me quedé mucho tiempo con la multitud. El Espíritu me condujo al desierto, un lugar solitario y de prueba. La voz de mi Padre seguía resonando en mí, guiándome hacia lo que debía afrontar. Estuve allí cuarenta días, sin comer ni beber nada, meditando en la misión que me esperaba. En el desierto, me preparé para los desafíos que vendrían, para las pruebas y tentaciones que Satanás intentaría poner en mi camino. Necesitaba pasar por ese tiempo de soledad, búsqueda interior y total alineamiento con la voluntad de Dios.

En los días siguientes, me encontré solo, hambriento y débil en el desierto. Ahí fue donde llegó el enemigo. No llegó con fuerza, sino con susurros. Me tentó con consuelo, poder y gloria. Me mostró reinos y me ofreció sus tronos si solo me postraba ante él. Pero yo sabía a quién pertenecía. La voz de mi Padre era más fuerte que cualquier mentira. Me mantuve firme, no porque fuera fácil, sino porque sabía que mi propósito era más importante que cualquier cosa que este mundo pudiera ofrecer. La obediencia a mi Padre lo era todo para mí, y todavía lo es.

Mi bautismo no fue solo una señal de rendición, marcó el comienzo de algo sagrado. Desde ese momento, el Espíritu no me abandonó. Caminó conmigo, me dio fuerza cuando me sentía vacío y dirección, cuando el camino por delante era incierto. Mi vida tranquila en Nazaret, ahora se encontraba detrás de mí. La espera había terminado. El mundo estaba a punto de ver la luz que había permanecido oculta durante tanto tiempo. No busqué atención, pero no pude esconderme del llamado. Mi Padre había hablado y el momento había llegado. Y yo estaba listo.

Una noche, mientras meditaba en el desierto, me di cuenta de que había recibido una unción para sanar a los enfermos, dar esperanza a los perdidos y liberar a los cautivos. Mi corazón ardía de profundo amor por el pueblo de Israel y por la humanidad. Era consciente de que el trayecto sería complicado, que los líderes religiosos y políticos me desaprobarían y que mi existencia concluiría en la cruz. Sin embargo, esa idea no me aterrorizó. La intención de mi Padre era prioritaria sobre cualquier otra cosa.

Tras dejar el desierto, regresé a Galilea para comenzar mi ministerio público. Había sido bautizado, ungido por el Espíritu y llamado a cumplir una misión de redención para todos. La gente veía en mí lo que tantos anhelaban: el Mesías prometido, el Hijo de Dios, el Salvador del mundo. Pero aún quedaba mucho por hacer y yo estaba listo para cumplir todo lo que mi Padre me había encomendado.

Mi regreso a Galilea marcó el comienzo de una nueva etapa en mi vida. La gente de mi zona había oído hablar de mí, pero muchos aún me veían como el hijo del carpintero, un hombre sencillo de Nazaret. Sin embargo, algo había cambiado. El poder del Espíritu Santo se había manifestado en mí y ya no podía postergar mi misión. Sabía que iría a los pueblos y aldeas, predicando el Evangelio del Reino de Dios y sanando a los enfermos, como lo habían predicho los profetas.

Primero me dirigí a la sinagoga de Nazaret, mi pueblo natal, donde todos me conocían desde niño. Al llegar, me ofrecieron una lectura de las Escrituras, como era costumbre entre los hombres de la comunidad. Tomé el rollo de Isaías y leí el pasaje que hablaba de la presencia del Espíritu del Señor sobre mí y de cómo fui enviado por mi Padre para llevar la buena nueva a los pobres y también para proclamar la libertad a los cautivos; para dar la vista a los ciegos y liberar a todos los oprimidos. Al terminar de leer, cerré el rollo y miré a los presentes. Proclamé con voz firme y decidida: "Hoy he cumplido la promesa que mi Padre les hizo".

Un murmullo recorrió la sala. Algunos se sorprendieron, pero otros se sintieron incómodos porque sabían que lo que dije implicaba algo profundo. Me veían como un hombre común y corriente, el hijo de José. No podían ver que el joven con el que crecieron ahora afirmaba ser el cumplimiento de las profecías.

Muchos estaban confundidos. Algunos incluso dudaban de mí, preguntándose cómo un hombre tan común podía ser el cumplimiento de lo que Isaías había predicho. El rechazo se apoderó de mí, pero, aunque los hombres de Nazaret no podían ver más allá de mi humanidad, sabía que mi identidad no dependía de lo que pensaran de mí. Mi verdadera identidad provenía de Dios, mi Padre, quien había ungido mi vida para ser luz para las naciones.

No todos me recibieron bien cuando empecé a hablar. Las multitudes acudieron, sí— anhelaban esperanza y sanación, pero muchos no comprendían lo que realmente venía a ofrecer. Los líderes religiosos, en particular, me miraban con recelo, incluso con desprecio. Se aferraban a sus tradiciones, sus leyes, su estatus. No podían ver que el corazón de Dios nunca se basó en reglas rígidas, sino en misericordia, justicia y amor. Un amor que llega hasta el caos y levanta a los quebrantados. Aun así, seguí adelante. No podía detenerme, no con tantas almas perdidas y sufriendo. Caminé de aldea en aldea, hablando de un Reino construido sobre la gracia, no sobre el poder ni el orgullo. Invité a los pecadores, a los marginados, a los olvidados y a los considerados indignos. Desafié a quienes creían tenerlo todo resuelto. Dije claramente: "Puedes seguir todas las leyes, pero, aun así, perderte el corazón de Dios". "Si a tu corazón le falta humildad y amor, no puedes establecer una verdadera conexión con Él".

Los milagros conmovieron aún más a la gente. Vi a los ciegos abrir los ojos y ver por primera vez. Toqué a los intocables, los leprosos, y su piel quedó completamente limpia. Lloré con las familias afligidas y luego llamé a sus seres queridos para que regresaran de la muerte. Pero, aun así, les dije: "No me miren como si fuera un espectáculo. Lo que ven es el Padre obrando a través de mí".

Al principio, había pocos discípulos, pero conforme mi mensaje se extendía, más personas empezaron a seguirme. Elegí a doce hombres: sencillos pescadores, un recaudador de impuestos y algunos otros que tenían poco en común entre ellos, pero que fueron llamados por mí para ser mis testigos y colaboradores en la obra que estaba a punto de realizar. Les enseñé a amar al prójimo, a perdonar a sus enemigos y a vivir según los principios del Reino de Dios.

Uno de los momentos más significativos fue cuando Pedro, uno de mis discípulos más cercanos, proclamó que yo era el Cristo, el Hijo de Dios. En ese momento, comprendí que mi misión era predicar y formar una comunidad de creyentes que llevaran mi Mensaje al mundo. Les enseñé que, pese a las dificultades en el camino, el amor divino permanecería siempre presente con ellos.

Las personas me seguían por diversas razones. Algunos lo hacían por los milagros, otros por curiosidad. Aun así, mi deseo era que todos experimentaran el amor del Padre y comprendieran que el Reino de Dios no se trataba de un reino de poder terrenal, sino de paz, justicia y reconciliación. Deseaba que cada persona experimentara lo que implicaba ser verdaderamente libre: libre del pecado, la condenación y las falsedades del mundo. Sentí que mi corazón se llenaba de compasión por la humanidad. Vi el sufrimiento de los enfermos, los marginados y los que estaban oprimidos por Roma. Comprendí que mi misión era tanto espiritual como práctica. Vi vidas cambiar mientras sanaba a los enfermos, liberaba a los cautivos y predicaba el Evangelio. Pero también comprendí que mi tiempo en la Tierra no sería eterno.

Siempre tuve la certeza de que mi objetivo era más profundo que la simple sanación de cuerpos quebrantados o la impartición de enseñanzas en la sinagoga. Visité el mundo con el fin de mostrarle el corazón de mi Padre, a hablar de un amor que nunca se rinde, que perdona, restaura y renueva todo. Eso es lo que vine a proclamar: el camino de regreso a Dios para todos.

Me rompí el corazón por ellos. Lo vi todo, los enfermos abandonados a su dolor, aquellos a quienes la sociedad marginó, como si no importaran, las almas agotadas y aplastadas bajo el peso del dominio romano y la supervivencia diaria. Para mí, no eran solo rostros entre la multitud. Experimenté su sufrimiento en lo más profundo de mi alma. Su aflicción se transformó en mi sufrimiento.

No llegue solo a predicar sermones ni a realizar milagros; eso era solo una parte. Vine a comprender su sufrimiento, a caminar con ellos en la penumbra, a demostrarles que Dios no los había olvidado. Existía algo más profundo en acción, algo perenne, un amor capaz de mitigar hasta la carga más ardua, una esperanza capaz de infundir vida al corazón más desolado.

Tenía conocimiento de que mi misión concluiría con mi sacrificio en la cruz, instante en el que la humanidad hallaría la redención pertinente. No obstante, antes de ello, mi existencia debía servir como una lección constante, un ejemplo de vivir bajo la voluntad de Dios y de amar tanto a Dios como al prójimo.

Por consiguiente, mi ministerio prosiguió, manteniendo siempre la mirada en el propósito divino que se inició con mi bautismo en el río Jordán. Cada palabra, milagro y gesto de misericordia me aproximaba más a la realización del llamado de mi Padre. No se buscaba únicamente sanar enfermos o impartir verdades perdurables, sino también mostrarles el camino hacia mi Padre.

CAPÍTULO 5

PREDICACIÓN Y MILAGROS

• • ◆ • •

Mi ministerio se expandió más allá de las fronteras de mi tierra natal, Galilea. Mi mensaje sobre el Reino de Dios se hizo evidente después de mi bautismo en el río Jordán y las pruebas en el desierto. Esos días se extendieron y las multitudes se hicieron más numerosas. Las personas llegaban de diversos lugares en busca de sanación, consuelo o simplemente, una palabra de esperanza. Observé una combinación de dolor, sufrimiento, desesperanza y anhelo en las miradas de quienes se aproximaban. Mi responsabilidad consistía en proporcionarles lo que necesitaban: la verdad y la vida.

Recuerdo claramente el primer gran sermón que di, el famoso Sermón de la Montaña. Una gran multitud de diferentes regiones me rodeaba. Algunos buscaban señales, otros venían a ver de qué trataba la charla, y otros querían escuchar lo que yo tenía que decir. Al oírme hablar, quedaron cautivados por mis palabras. Pronto comprendieron que mis palabras ofrecían más de lo que sus ojos podían percibir. Mi mensaje no era de poder terrenal ni de conquista política; mi mensaje era sobre la transformación interior, la regeneración del corazón.

Les hablé de las bendiciones del Reino, y cómo aquellos individuos de escaso espíritu, afligidos, mansos y aquellos que anhelaban la justicia eran los más cercanos al corazón de Dios. Podía observar en sus ojos, escuchaban como si sus almas hubiesen estado aguardando sus vidas completas para escuchar dichas palabras.

La gente escuchaba atentamente. A menudo, pensaban que el Reino de Dios era para los poderosos, ricos y sabios, pero yo les enseñé que era para los humildes, aquellos que reconocían su necesidad de Dios. La multitud escuchaba atentamente, aunque había una profunda confusión entre ellos. ¿Cómo era posible que los pobres y los débiles fueran bendecidos? Este mensaje de la inversión de valores les conmovió el corazón. No estaba allí para darles más reglas que seguir ni para ayudarlos a parecer santos por fuera. Ese nunca fue el objetivo. El Reino del que hablé es más profundo. Se trata del corazón, del cambio real; no solo haciendo el bien, sino renovándonos de adentro hacia afuera. Ahí es donde Dios nos encuentra al transformarnos, no en la perfección que podemos pretender.

Mi mensaje fue claro: el Reino de Dios no se basaba en apariencias externas ni en la observancia de reglas superficiales, sino en una profunda transformación del ser humano. La verdadera justicia de Dios no era la justicia de los hombres, sino la justicia de un corazón puro que amaba a Dios y al prójimo.

"No piensen que he venido a abolir la Ley ni las enseñanzas de los Profetas", les comenté, "sino a darles cumplimiento". Mi misión no era destruir lo que Dios había establecido, sino mostrar el camino correcto hacia la restauración completa de la humanidad.

Intenté simplificarles las cosas. Lo que dije no se trataba de parecer religioso ni de seguir todas las reglas para ser visto. El Reino de Dios no se trata de eso. Se trata de algo mucho más profundo. Se trata de cambiar de adentro hacia afuera, el corazón, la mente y la vida entera.

La justicia de Dios no es como la que la gente conoce. No se trata de castigar ni señalar con el dedo. Se trata de un corazón puro, un corazón que adora a Dios, que ama y no juzga a las personas. Es esa la justicia que tiene valor en el Reino

A medida que mi mensaje se difundía, seguían llegando multitudes ansiosas de escuchar, comprender y ver más milagros. Mi fama se extendió por toda la región de Galilea y la gente me traía a sus enfermos, ciegos y paralíticos. Ver cuánto sufrían me me partía el corazón. Aun así, fue alentador presenciar la misericordia de Dios obrando a través de mí. Sané a enfermos, expulsé demonios y resucité muertos. Cada milagro demostraba que el Reino de Dios había llegado.

Recuerdo que una vez, en la ciudad de Capernaúm, un paralítico me fue traído por sus amigos. Al ver la fe de quienes lo trajeron, les dije: "Dios perdona tus pecados". Los fariseos y los maestros de la ley se indignaron al oírme decir esto. Pensaban que solo Dios podía perdonar los pecados y, en su mente, eso era una blasfemia. Pero para mostrarles que el Hijo del Hombre puede perdonar pecados, le dije al paralítico: "Levántate, toma tu camilla y vete a casa". Y así lo hizo, sin más. La multitud quedó atónita, primero en silencio, luego asombrada. Pero ese momento no se trataba solo de demostrar poder. Se trataba de mostrarles algo más profundo: que la autoridad que yo tenía provenía de mi Padre celestial y que la verdadera sanación, la libertad absoluta, comienza con la fe.

Cada milagro que realizaba no era solo un acto de misericordia, aunque la misericordia siempre ocupaba un papel central. Era una señal, un atisbo de cómo es el Reino de Dios. Cuando tocaba a los enfermos y los curaba, no solo sanaba sus cuerpos, sino que les devolvía su dignidad, recordándoles que Dios los observaba y los amaba.

Y cuando devolví la vida a los muertos, no fue solo para impresionar a la gente, sino para mostrarles que la muerte no tiene la última palabra en el Reino de mi Padre. La vida sí. Por eso vine: para traer esa vida a todo aquel que la recibiera.

Pero la verdad es que nunca se trató solo de sanación física. Quería que la gente viera más allá del dolor de sus cuerpos, y reconociera la necesidad de sus almas. Que entendieran que el nuevo corazón, la nueva vida y el nuevo comienzo que necesitaban solo podía venir de Dios. Y eso es lo que vine a ofrecer.

Había algo en ello que no solo sanaba físicamente a las personas, sino que también las tocaba espiritualmente. Vi a muchos que, tras ser sanados, se convirtieron en mis seguidores, pero también vi a quienes, a pesar de ser sanados, se alejaron, incapaces de comprender la profundidad de mi mensaje. El Reino de Dios no era solo para quienes buscaban una solución temporal a sus problemas, sino para quienes estaban dispuestos a entregar sus vidas a la voluntad de Dios, a vivir bajo el reinado de su amor y justicia.

La enseñanza sobre el Reino de Dios se convirtió en el eje central de todo lo que hacía. No era una filosofía ni una lección moral. Era el comienzo de una nueva realidad entre ellos. Esta realidad cambiaría cada aspecto de la vida humana. Les mostré que el Reino de Dios no es un futuro lejano. Ya está presente entre ellos a través de mis palabras y milagros. Y, sin embargo, para muchos, el Reino no era algo que pudieran ver con los ojos, porque era un Reino visto y comprendido solo con los ojos del corazón.

Al final de cada día, cuando estaba a solas con mis discípulos, les hablaba con más profundidad sobre el Reino de Dios, la cruz que me esperaba y cómo debían seguir mis pasos. Les enseñaba a ser humildes, a servir a los demás y a no buscar la grandeza ni el reconocimiento. Sabía que les estaba mostrando un camino de sacrificio, sufrimiento y vida eterna. Les pedía que tomaran sus cruces y me siguieran, porque el Reino de Dios no se construye con poder, sino con amor; no con riquezas, sino con generosidad; no con opresión, sino con perdón.

Y así, cada día, mi misión se profundizaba al predicar y sanar. Los milagros continuaban y la multitud crecía, pero yo anhelaba sinceramente que cada persona encontrara la paz y la libertad que solo mi Padre puede dar. Ese fue mi mayor milagro: guiar a cada uno de esos seres humanos a una relación personal con el Padre, una relación que transformaría no solo sus cuerpos, sino también sus corazones.

Mi ministerio siguió creciendo. Al principio, muchos pensaban que el Reino de Dios era un lugar físico, algo que podían ver a simple vista, pero poco a poco, comprendieron que no era un reino terrenal, sino una realidad espiritual que invadía los corazones y las vidas de las personas. Les enseñé que el Reino de Dios está dentro de ellos. No es un lugar lejano. Es algo que experimentan a través de una verdadera relación con el Padre.

No todos reaccionaron de la misma manera cuando me escucharon. Algunos se alegraron, sintiéndose vistos, escuchados y finalmente comprendidos. Alabaron a Dios porque mis palabras les dieron esperanza. Pero otros se enojaron, especialmente quienes ostentaban el poder. Mi mensaje constituyó un consuelo para los individuos de escasos recursos y aquellos que luchaban por sobrevivir. No obstante, parecía representar un peligro para aquellos que se aferraban al poder y al estatus social.

Los líderes religiosos fueron los que más lucharon. No intentaba provocarlos, pero la verdad que les dije, atravesó la superficie de su sistema. Desafió la estructura misma sobre la que construían sus vidas. Y eso los incomodó; incluso los asustó. Me veían como alguien peligroso porque no seguía sus reglas.

Pero no podía permitir que su rechazo me detuviera. Su desaprobación no cambió lo que sabía en lo más profundo de mi alma, mi misión provenía de mi Padre. No estaba aquí para ganar aprobación ni para integrarme. Vine a traer la verdad, aunque esa verdad generara controversia.

Había momentos en que las multitudes se reunían para escucharme durante horas. En una ocasión, mientras predicaba sobre el amor y la misericordia de Dios, y al ver que el día se acercaba, supe que la gente tenía hambre. Me escuchaban predicar durante horas. Pregunté a mis discípulos si teníamos comida y me dijeron que no había suficiente.

Todavía recuerdo sus caras, miles de personas hambrientas y cansadas sentadas en aquella ladera. Solo disponíamos de cinco panes y dos peces. Mis discípulos se encontraban preocupados. No obstante, tomé lo que me habían otorgado, lo elevé al cielo y lo oré a mi Padre. Inmediatamente, el pan y los peces se multiplicaron. Entonces empezamos a repartirlos. Todos estaban asombrados. Los discípulos pasaron canasta tras canasta hasta que todos tuvieron suficiente. Y después de que todos comieron más de una vez, aún nos sobró comida.

Ese momento no se trataba solo de comida, sino de confianza. Se trataba de lo que puede suceder cuando ponemos lo poco que tenemos en las manos del Padre. Quería que vieran que la fe abre la puerta a la provisión. Incluso cuando parece que no tenemos suficiente, Dios tiene el poder de tomar lo poco y hacerlo más que suficiente para todos.

Mis milagros no se limitaron a la sanación física o la provisión material. Cada milagro ilustró cómo Dios obra en el ejemplo de los hombres invisibles; cuando sané a un hombre que había nacido ciego, la gente se asombró. No se trataba solo de devolverle la vista, sino de demostrar que aquella persona verdaderamente ciega es la que tienen el corazón endurecido de quienes se creían justos sin misericordia. Ese milagro también les recordó su oscuridad espiritual y cómo solo el Hijo podía darles la luz de la verdad.

Mi llamado también incluía enseñar a todos a vivir según los valores del Reino. Les enseñé que no debían buscar reconocimiento ni gloria, y que la persona verdaderamente grande en el Reino de Dios es aquel que se transforma en siervo de los demás. En una ocasión, los discípulos discutían acerca de quién sería el más grande entre ellos. Les expresé una declaración que los sorprendió: "Para ser el primero, debes estar dispuesto a ser el último." "Si quieres ser grande, entonces debes servir a todos".

No era solamente un dicho ingenioso. Lo decía en serio. En mi Reino, la grandeza no se trata de ser importante o admirado. No se trata de títulos ni de tener el control. La verdadera grandeza se encuentra en la humildad, en inclinarse para ayudar a alguien. Quería que entendieran que el verdadero liderazgo es amor en acción. Significa lavar pies, no subirse a un pedestal. Significa elegir el lugar más bajo, incluso cuando se podría exigir lo más alto. Ese fue el tipo de vida que vine a vivir y el tipo de corazón que esperaba que eligieran seguir.

Les enseñé con el ejemplo, sirviendo a los demás, tocando a los leprosos, sanando a los enfermos y hablando con los que eran despreciados por la sociedad, como los recaudadores de impuestos y las mujeres de mala reputación. Mi vida fue una invitación a derribar las barreras que separan a las personas, a mirar más allá de las diferencias sociales y a ver a cada ser humano como una creación amada por Dios.

Una de las enseñanzas más desafiantes que di fue cuando hablé sobre la necesidad de tomar nuestra cruz. Sabía que este mensaje sería difícil de entender porque no veían el sufrimiento como algo positivo. Sin embargo, les dije que, "quien quiera salvar su vida, la perderá". "Pero si pierdes tu vida por mí, la hallarás". "El Reino de Dios no se trata de poder mundano ni victoria, sino de sacrificio y entrega". Les hablé de negarnos a nosotros mismos y poner a Dios y a los demás por encima de nuestros deseos y ambiciones. Este mensaje fue un desafío para muchos, pero fue el fundamento de la vida cristiana.

Mientras caminaba de pueblo en pueblo, también iba compartiendo parábolas, historias profundas, prácticas que revelaban la verdad del Reino de Dios. Les hablé del labrador que sembró semillas en diferentes tipos de tierra, de la oveja perdida, del buen samaritano y de la semilla de mostaza que, aunque pequeña, se convirtió en un gran árbol. Cada parábola buscaba abrir los corazones para que la gente pudiera ver la verdad espiritual más allá de lo físico. Les mostré que el Reino de Dios se extendía humilde y silenciosamente, pero que, con el tiempo, produciría abundante fruto. Cada uno tendría un propósito divino y deseaba que todos los que me escucharan abrieran sus corazones y recibieran la Palabra con fe.

No me contuve ante el orgullo y la hipocresía; tenía que decir la verdad. Vi a muchos que usaban la santidad como una máscara. La gente parecía justa por fuera, decía todo lo correcto y seguía todos los rituales, pero en el fondo, sus corazones estaban lejos de Dios. Eso me desanimó, dado que el Reino no consiste en aparentar, sino en esforzarse por ser un buen ser humano. Es esencial mantener un corazón puro y no simular.

Intenté mostrarles el poder de la humildad, de saber que todos somos frágiles y estamos necesitados. Les dije: "No te consideres mejor que nadie." "No vayas por ahí fingiendo que lo tienes todo bajo control". El Padre no busca personas perfectas; Él busca corazones honestos, personas que conozcan su necesidad de Él y vivan en amor, no en juicio. Sabía que el camino al que los estaba llamando no era una tarea sencilla. La ruta hacia el Reino era ardua. No muchos estaban dispuestos a recorrerla porque requiere entrega, humildad y confianza. Sin embargo, siempre me aferré a la esperanza, que sus corazones se abrieran. Escucharían, y descubrirían la vida diseñada para ellos, una experiencia moldeada por el amor, la verdad y una profunda relación cotidiana con Dios.

Además, les alerté sobre los peligros del orgullo y la hipocresía. Me encontré con numerosos líderes religiosos. Afirmaban ser justos a nivel externo, pero en su interior, la maldad los invadía. Les exhorté que el Reino de Dios no se medía por las apariencias, sino por un corazón puro y la sinceridad de la vida. Les hablé de la importancia de la humildad, reconociendo nuestras limitaciones y dependencias, evitando siempre creer que somos superiores a las demás personas. Era consciente de que la ruta hacia el Reino era ardua y que pocos individuos lo encontrarían. Esperaba que todos prestaran atención y siguieran el camino de la verdad. Descubrimos esta verdad a través de una profunda conexión con Dios. Se vive con amor, humildad y obediencia.

Los milagros continuaban ocurriendo y un gran número de personas depositaban su confianza en mi. Sin embargo, algunos, como los líderes religiosos, no lo hacían. En ocasiones, sus interrogantes eran arrogantes y buscaban desafiarme. No obstante, yo siempre proporcionaba respuestas con perspicacia y claridad. Reconocían la sabiduría de mis palabras, pero no podían aceptarlas. Se sentían desafiados por sus Propias creencias. Sabían que no me gustaban y que no seguía sus reglas. Nunca dejé de amarlos, incluso después de su rechazo. Me dolía ver su falta de fe. En ocasiones, les decía que no los juzgaba, sino que había venido para que todos tuvieran vida eterna. Los quería, pero sabía que sus corazones fríos les impedían ver lo que les esperaba.

Mi ministerio incluía enseñanzas, milagros y señales; no obstante, mi objetivo principal consistía en preparar a la gente para lo que iba a pasar. Sabía que mi tiempo en la tierra no duraría para siempre. Cada día me acercaba más al sacrificio máximo que debía hacer por la humanidad. Aun con los desafíos, mi corazón se mantuvo fiel a la misión que el Padre me había encomendado. Cada paso que daba, cada milagro que realizaba, me acercaba más a la cruz. No obstante, mi esperanza nunca se limitó a la ubicación en la que me hallaba, sino que se extendió a toda la humanidad. Tenía conocimiento de que mi sacrificio proporcionaría vida perpetua a todos aquellos que depositaran su fe en mí.

Los milagros

Durante mi ministerio, realicé numerosos milagros, demostrando la presencia de Dios y su poder divino entre los hombres. No fueron solo demostraciones de poder. Cada persona sanada, cada prodigio, provenía de una profunda compasión. No buscaba impresionar a las multitudes; quería que vieran al Padre, su misericordia, cercanía y amor por los quebrantados y olvidados.

Esos milagros nunca fueron solo prodigios o señales. Eran invitaciones, cada una era una puerta hacia algo más profundo, un atisbo de cómo es realmente el Reino de Dios. Un mundo reconstruido, donde lo roto se restaura, la luz vence a la oscuridad y la vida fluye libremente de nuevo, tal como mi Padre lo planeó desde el principio.

Aún contemplo esos instantes. Se produjeron hace mucho tiempo, sin embargo, su significado no ha cedido. En realidad, aún hablan, aún suscitan fe, aún portan esperanza. Mi deseo es informarles sobre ellos, no únicamente para que comprendan lo que hice, sino también para que comprendan las razones por las cuales lo hice y lo que revela sobre el corazón divino.

Recuerdo con claridad el instante en que sané a un individuo ciego de nacimiento. Mientras me encontraba en aquel lugar, escuché la voz de un hombre implorando misericordia. Me dirigí a observar el origen de la voz y lo observé. Se encontraba ubicado en las proximidades de la entrada de un templo. El individuo carecía de la capacidad visual debido a su condición de ceguera. Procedí a tomar un poco de barro, me aproximé a él, lo mezclé con saliva y lo apliqué sobre mis ojos. Luego le dije: "Vete a tu casa". El ciego obedeció sin dudar, y cuando regresó, veía perfectamente. Las personas que estaban allí no podían creer lo que había sucedido. No se trataba solo de devolverles la vista, sino de revelarles que la verdadera luz viene del cielo. Solo el Hijo puede abrirles los ojos espirituales.

En otra ocasión, me encontraba en la residencia de un amigo cuando unos individuos llevaron a un individuo paralítico a verme. La multitud era tan grande que no pudieron acercarse. Subieron al techo de la vivienda, hicieron un agujero y bajaron al hombre en su camilla. Le dije al paralítico: "He perdonado tus pecados". En ese instante, el hombre se levantó, tomó su camilla y se fue contento y sorprendido.

Los fariseos y los maestros de la ley estaban furiosos. Creían que solo Dios podía perdonar los pecados. Quería mostrarles que el Hijo del Hombre podía perdonar y sanar. Los presentes quedaron asombrados y glorificaron a Dios.

Otro milagro que realicé ocurrió mientras cruzaba el Mar de Galilea. Se desató una gran tormenta durante el viaje y las olas amenazaron con volcar nuestra pequeña embarcación. Los discípulos, aterrorizados, me despertaron diciendo: "¡Señor, estamos a punto de perecer!". Me levanté, reprendí al viento y al agua, y en ese momento todo se calmó. Les pregunté: "¿Por qué tienen miedo, hombres de poca fe?". Ese milagro fue una lección sobre la paz que solo Dios puede dar, incluso en medio de una tormenta. Calmé el mar y les enseñé que la fe puede traer paz, incluso cuando todo parece desplomarse.

Otro de mis milagros fue el momento en que resucité a la hija de Jairo, un líder de la sinagoga. Jairo acudió a mí, desesperado porque su hija estaba a punto de morir. Al ir a su casa, recibimos la noticia de que ya había fallecido. La gente estaba llorando, pero les dije: "No lloren, porque no está muerta, sino dormida". Al entrar al cuarto, le tomé la mano y le dije: "Niña, te digo, levántate". En ese momento, la niña se levantó y todos los presentes no lo podían creer. Este milagro demostró que la muerte no es definitiva en el Reino de Dios y que incluso los muertos pueden volver a la vida.

En otro momento, estaba caminando y una multitud me seguía, lo que dificultaba mi caminata. Mis discípulos me ayudaban y buscaban abrir el camino para que pudiera pasar. De repente tuve la sensación de que alguien me tocaba mientras caminaba. No fue únicamente un gesto, sino algo más profundo en mi esencia. Sentí que esa persona carecía de fuerza. Reflexioné y pregunté: ¿Quién me tocó? No debido a que no lo entendiera, sino a que deseaba que comprendiera su relevancia. Se aproximó, temblorosa y prudente. "Yo fui", respondió la mujer. Esta mujer sufrió a lo largo de años, sangraba continuamente, se encontraba aislada de su comunidad, era considerada impura e inalterable. Había hecho todo lo que podía, había visitado a todos los doctores y había desembolsado todo lo que contaba. Pero nada resultó. Hasta ese instante, en el cual, extendió su mano, convencida de que con tocar simplemente el borde de mi manto bastaría. La observé y le decía: "Tu creencia te ha sancionado", "Vete en paz".

Ese milagro sanó no solo su cuerpo, sino también su alma. El peso de su vergüenza se alivió. Recuperó su dignidad. Ya no era invisible. Recibió atención y amor. Esa es la sanación que vine a traer al mundo para que la humanidad supiera que solo mi Padre tiene el poder.

Cada milagro que realicé fue una oportunidad para enseñar sobre la bondad y la grandeza de Dios. Pero mi mayor deseo no era solo sanar cuerpos, sino también corazones. La verdadera transformación ocurre cuando las personas ven la necesidad de un cambio interior. Este cambio solo puede provenir del amor de Dios. Cada milagro nos exhorta a depositar nuestra confianza en Dios, a vivir con fe y a experimentar su Reino, que se encuentra próximo y entre nosotros.

CAPÍTULO 6

CONFLICTOS Y OPOSICIÓN

Mi tiempo en la Tierra no fue fácil. Desde el principio, me adentré en un mundo que sufría y estaba perdido. Muchos corazones estaban cerrados, la gente se había vuelto hacia ídolos vacíos, estatuas sin vida, persiguiendo dioses que no podían oír, no podían hablar, no podían amar. Buscaban, pero no sabían qué buscaban. Y cuando llegué con la verdad, con el mensaje de un Dios vivo, el que los formó, los amó y anhelaba restaurarlos, fui rechazado. No una ni dos veces, sino muchas veces. Algunos se rieron. Unos se apartaron y otros se enojaron. Algunos individuos experimentaron indignación, en particular aquellos cuyo poder y orgullo se vieron comprometidos por mis declaraciones.

Sentí su rechazo. Cargué con su peso. Pero nunca me rendí porque sabía quién me había enviado. Conocía el corazón de mi Padre y eso me impulsaba a seguir adelante. Vine a mostrarles que Dios no está lejos ni en silencio, sino presente, vivo y lleno de misericordia. Mi tarea consistía en despertar a las personas y volverlas a la verdad: fueron creadas en amor, para amar, por un Dios que las espera con los brazos abiertos. Asimismo, se debían erradicar pensamientos y creencias que separaban a la humanidad del propósito divino. A medida que mi ministerio crecía, la oposición también aumentaba. Muchos sintieron que mi mensaje amenazaba su autoridad, su poder y sus tradiciones.

Los dirigentes religiosos, entre ellos los fariseos, saduceos y escribas, comenzaron a verme como una amenaza. Inicialmente, experimentaron curiosidad por mis enseñanzas. No obstante, inmediatamente se percataron de que mis declaraciones desafiaban sus leyes y creencias. Además, aprendieron acerca de la hipocresía que los envolvía. Aún recuerdo con precisión el primer enfrentamiento que tuve con ellos. Fue un día, mientras enseñaba en una sinagoga, un hombre se me acercó con una mano paralizada, pidiendo que lo sanara en sábado. Los fariseos y los escribas observaban atentamente, esperando ver si yo infringía la ley. Sabían que la ley sabática prohíbe trabajar y, para ellos, sanar era un trabajo. Sin embargo, al ver su dureza de corazón, les pregunté: "¿Creen que es lícito hacer el bien en sábado? ¿Salvar una vida o matar?". No respondieron y, en ese momento, sané la mano del hombre. Quería mostrarles que el sabbat no se trata de opresión. Quería mostrarles que la ley buscaba dar vida, no muerte. Pero no quisieron entender. Se enfurecieron y comenzaron a planear cómo destruirme.

La maldad que vi en esos líderes religiosos fue desgarradora. Me preguntaba cómo podían ser tan despiadados. Hablaban de pureza y justicia, pero sus corazones eran orgullosos y egoístas. Convirtieron la ley en una herramienta para resaltar su propio poder. Buscaban reconocimiento y control, priorizándolos sobre la misericordia o la justicia. A menudo les decía: "¡Ustedes, los escribas y los fariseos son hipócritas! Impiden la entrada al Reino de los Cielos". "Ustedes mismos no pueden entrar y también impiden la entrada a otros". Los critiqué por interpretar la ley, ya que la utilizaban para aferrarse a su poder y estatus, oprimiendo al pueblo en el proceso.

Mis enseñanzas sobre el amor, la misericordia y la humildad desafiaron sus creencias. Para ellos, las reglas estrictas y la observancia perfecta de la ley constituían la base de la justicia divina. Les mostré que la verdadera justicia proviene de un corazón sincero y del amor a Dios y al prójimo. Les expliqué que no era lo que comían lo que los hacía impuros, sino lo que salía de sus bocas, lo cual desafiaba sus creencias sobre la Pureza.

Pero no fueron solo los fariseos y los escribas quienes se opusieron a mí. También los saduceos, que eran líderes religiosos, estaban vinculados al poder político y al templo. Estos hombres no creían en la resurrección de los muertos, ni en los ángeles, ni en el Espíritu. Cuando les hablé de la vida después de la muerte, me desafiaron de inmediato. Les expliqué que quienes se sacrificaban por el Reino de Dios obtendrían la vida eterna. Intentaron engañarme con un acertijo. Se trataba de una mujer con varios maridos. Preguntaron: "En la resurrección, ¿de cuál de los siete será esposa?". Mi respuesta fue clara: les dije que nadie se casará cuando llegue el momento de la resurrección. "Vivirán como ángeles en el cielo, en una atmósfera de paz y felicidad para siempre". Al oír esto, guardaron silencio. Mi respuesta mostró la verdad sobre la vida eterna y desafió su forma de ver la fe.

En una ocasión, mientras les predicaba, me cuestionaron acerca del mayor mandamiento de la ley de divina. Esperaban una respuesta contradictoria. Pero les dije: "Amarás al Señor, tu Dios, con todo tu corazón, alma y mente". "Amarás a tu prójimo como a ti mismo". Estas declaraciones no contenían ninguna contradicción, únicamente la verdad que cumplía la ley. Los fariseos y los saduceos se enfocaban en la interpretación de las leyes externas. No comprendían que el amor constituía la base de la justicia y la piedad.

Mis frecuentes enfrentamientos con líderes religiosos provocaron un conflicto más profundo. Experimenté una lucha continua entre las enseñanzas antiguas y las modernas. Intenté enseñarles sobre el amor, la humildad y el perdón, pero no lo admitían. Se sentían amenazados por mis enseñanzas. Me veían como su enemigo. Sabían que, a través de mis enseñanzas, podían perder el control de su pueblo. Mis lecciones desafiaban su comprensión de la ley que les habían enseñado durante años.

Intentaron desprestigiarme y tenderme una trampa con sus preguntas. Recuerdo que me preguntaron si era lícito pagar impuestos al César, intentando ponerme en contra del poder romano. Sin embargo, respondí: "Dale al César lo que es del César y a Dios lo que es de Dios". Mi respuesta los dejó sin palabras. Yo no estaba en contra de las autoridades romanas, pero les estaba enseñando que su mayor lealtad era a Dios, no a las autoridades terrenales.

La oposición no solo provino de los líderes religiosos, sino también del propio pueblo. Muchos se sintieron incómodos con mis enseñanzas; desafiaron sus expectativas de un Mesías guerrero que los liberaría del yugo romano. Mi mensaje de amor y paz no fue lo que esperaban y algunos comenzaron a abandonarme. Muchos de mis discípulos estaban desconcertados y les pregunté: "¿Ustedes también quieren irse?". A lo que Pedro respondió: "Señor, ¿a quién vamos a acudir?" Tú tienes las palabras de la vida eterna".

Mi existencia en la tierra fue dura. Cada avance que efectuaba me aproximaba a la disputa con aquellos que se oponían a mi mensaje. Sabía que no todas las personas comprenderían mi misión y que muchos me rechazarían. Sin embargo, aprendí que el Reino de Dios se extendería, no por la fuerza, sino por la verdad y la luz que yo traía. La oposición siempre me proporcionó una oportunidad para aproximarme al Padre. Muchos me rechazaron, sin embargo, me mantuve fiel al plan de Dios.

La presión ejercida por los líderes religiosos se intensificaba. Cada día sentía que mi viaje llegaba a su fin. Los fariseos y saduceos ya no podían ignorarme. La ira llenó sus corazones. Hubo momentos en que intentaron arrestarme, pero no tuvieron éxito porque mi hora aún no había llegado. Mi misión se encontraba bajo la autoridad de Dios. Él seleccionaría el instante apropiado.

No obstante, a medida que la oposición aumentaba, también observé a numerosos individuos que depositaban su fe en mí y se aferraban a las promesas del Reino de Dios. Mi mensaje de amor, perdón y transformación interior no fue en vano. Sabía que, aunque el camino era difícil, valdría la pena porque la verdad que traía cambiaría sus vidas y la historia de la humanidad. Aunque los líderes religiosos intentaron detenerme, no pudieron detener el poder de Dios, que obraba en cada palabra, cada milagro y cada enseñanza. Así, mi camino continuó: un camino de conflicto, pero también de esperanza. La oposición, sabía que estaba sembrando semillas de vida eterna, que crecerían y darían fruto mucho después de que mi misión en esta tierra terminara.

A medida que se intensificaban los conflictos con las autoridades religiosas, me vi constantemente desafiado por aquellos que buscaban desacreditarme. Se esforzaron por ponerme en una situación adversa, haciendo trampas con palabras y engaños. En una ocasión, me preguntaron sobre el mayor mandamiento de la ley, esperando que mi respuesta fuera contradictoria. Pero les contesté: "Amarás al Señor tu Dios, con todo tu corazón, alma y mente". "Amarás a tu prójimo como a ti mismo". Estas palabras no albergaban contradicciones, solo la verdad que cumplía la ley. Estos fariseos y saduceos, meticulosos con las leyes externas, no entendían que el amor era el fundamento de toda justicia y piedad.

En otra ocasión, les mencioné a los falsos profetas que vendrían aquellos disfrazados de ovejas, pero en su interior serían lobos. Mis declaraciones estaban dirigidas a aquellos individuos que usaban la fe para propio beneficio. Manipulaban a los más vulnerables y explotaban la devoción del pueblo. Sabían que mis críticas eran un espejo que reflejaba sus pecados, lo cual les causaba dolor. Por lo tanto, buscaban estrategias para atraparme, intentando que me contradijera o cometiera un error.

No obstante, a pesar de todo esto, nunca perdí la esperanza. Mi responsabilidad no consistía en imponerme, sino en orientar a las personas hacia la verdad y la ilumacion de Dios. Algunas verdaderamente prestaban atención. Ellas aspiraban a transformar y comprender el mensaje del Reino. Mi responsabilidad era sembrar la semilla en sus corazones. A pesar de que muchas se desviaron, confié en que, con el tiempo, la semilla crecería en los corazones sinceros. En aquellas almas que no se dejarían atrapar por las tradiciones carentes de significado y el egocentrismo de los líderes religiosos.

CAPÍTULO 7

LA ÚLTIMA CENA Y LA TRAICIÓN

———— ··●··· ————

La Pascua, se aproximando, era la celebración más significativa del pueblo de Israel. Sentí en mi corazón que el período de mi misión terrenal estaba a punto de concluir. Estaba consciente que mi sacrificio era inevitable, y que los acontecimientos que ocurrirían en aquellos días alterarían de manera irreversible el desarrollo de la historia humana. Por consiguiente, el día en que convoqué a mis discípulos para la Última Cena, todo se encontraba impregnado de una gravedad profunda.

Al iniciar la comida, se sentía un ambiente de solemnidad. Mis discípulos aún no podían comprender la magnitud de lo que estaba a punto de acontecer. Pensaban que estábamos celebrando una Pascua más, como tantas otras. Sin embargo, yo estaba plenamente consciente de que esta sería la última ocasión en la que estaría con ellos de tal forma. Me sentí profundamente cercano a ellos, como un maestro que se prepara para partir, pero también a un amigo que profesa un profundo amor hacia sus seguidores.

Llegó el momento en que tomé el pan, lo bendije, lo partí y se lo di a mis discípulos. Les dije que lo comieran, y que el pan era mi cuerpo, que les había sido entregado. Tomé la copa de vino y, tras dar gracias, también se la di a mis discípulos, diciéndoles que era mi sangre, derramada por ellos. De esta manera, instituí la Eucaristía, sacramento que sería el vínculo eterno entre Dios y la humanidad, signo de mi sacrificio y de mi inmenso amor por todos. El pan era mi cuerpo, y el vino mi sangre. Derramaría mi sangre para perdonar los pecados.

En ese momento, un estado de ánimo sombrío invadió la mesa, como si todos pudieran presentir que algo andaba mal. Sabía que, uno de los doce discípulos, me traicionaría. Mi alma estaba turbada, pero tenía que cumplir lo que el Padre había dispuesto. Les dije: "En verdad les digo que uno de ustedes me traicionará".

Mis discípulos se miraron unos a otros, confundidos y consternados. Pedro, que estaba cerca, me preguntó: "¿Soy yo, Señor?". Y uno a uno, todos los demás hicieron lo mismo.

Yo les respondí: "El que moje el pan conmigo, ese me entregará". Judas Iscariote ya había hecho un trato con los sumos sacerdotes para traicionarme mientras hablaba. Entonces, mojó el pan en la salsa y comió. Le dije: "Lo que debes hacer, hazlo pronto". Los demás no entendieron entonces, pero Judas, al percibir la dureza de sus corazones, abandonó la cena para cumplir su triste destino. El entorno se hallaba impregnado de melancolía, pero también de amor. Sabía que los discípulos me abandonarían y que la prueba sería terrible para todos ellos. Sin embargo, mi corazón seguía lleno de compasión por ellos. Tras la partida de Judas, les expuse la relevancia de cultivar amor unos por otros, como indicativo de que serían mis leales discípulos. Les comuniqué: "Un mandamiento nuevo les doy: que se amen los unos a los otros, como yo los he amado, y que también ustedes se amen los unos a los otros". En mi angustia, continué instruyéndoles sobre lo que debía acontecer y cómo vivir después de mi partida.

Al terminar la cena, nos dirigimos al Monte de los Olivos. Al llegar al huerto de Getsemaní, sentí una gran angustia en el alma. El peso del pecado del mundo y el sufrimiento que estaba a punto de sufrir me invadieron con una intensidad insoportable. Era consciente de que mi sacrificio se acercaba. Ocurriría cuando uno de mis discípulos me entregara a los líderes religiosos. Una profunda aflicción invadió mi espíritu. Durante el reposo de algunos de mis discípulos, llevé a Pedro, Santiago y Juan a orar.

En ese instante, conversé con el Padre. Mi espíritu se encontraba en un estado de angustia; el peso de la misión era demasiado grande, pero me sometí a la voluntad de la divinidad. Luego regresamos con los demás discípulos y los encontramos dormidos. Les pregunté por qué no podían velar conmigo una hora. Me separé de ellos y fui a orar nuevamente. Sentí que se me rompía el corazón, experimenté un momento de soledad. Pese a la presencia de mis discípulos, me vi obligado a enfrentar el sacrificio de manera independiente. No podía confiar en el mundo en ese momento.

Tras terminar mi oración, regresé con los discípulos y les pedí que se levantaran. Que el individuo que me había traicionado estaba cerca. En ese momento, vi a Judas acercarse, acompañado de un grupo de soldados con antorchas y espadas. Judas nos observó, se aproximó y me besó, la señal con la que me entregaría a mis enemigos. Le pregunté: "¿Con un beso traicionas al Hijo de Dios?". No respondió, sin embargo, su traición había sido completada; ya no había nada que hacer.

Al observar lo que sucedía, los discípulos se aterrorizaron y me preguntaron si debían defenderme. Pedro, impulsivo como siempre, desenvainó su espada y le cortó la oreja a uno de los siervos del sumo sacerdote. Inmediatamente, le ordené que guardara la espada. En ese momento, sané la oreja del hombre, mostrándoles que mi camino no era de violencia, sino de paz y perdón.

Me arrestaron y me llevaron ante el Sanedrín, el consejo de líderes religiosos, donde me acusaron falsamente de blasfemia. No encontraron testigos que me acusaran con veracidad, pero al final me preguntaron si yo era el Cristo, el Hijo del Bendito, y respondí: "Sí, lo soy". Estas palabras fueron suficientes para condenarme a muerte porque reconocieron en ellos una pretensión de divinidad. Me escupieron, me golpearon y me humillaron, pero yo permanecí en silencio, cumpliendo la voluntad de mi Padre.

Al amanecer, me llevaron ante Poncio Pilato, quien ejercía como gobernador de Roma. Pilato no halló ninguna falta en mí. Sabía que me habían entregado por envidia. La multitud, encabezada por los líderes religiosos, exclamaban: "¡Crucifícalo! ¡Crucifícalo!". Sentí el peso del rechazo de toda la gente que me había recibido con hosannas. Me inundó la melancolía al recordar que, apenas unos días antes, me habían manifestado su reconocimiento como el mesías, y en ese instante, exclamaba y solicitaba que me crucificaran.

Temiendo una revuelta, Pilato se lavó las manos y le dijo a la multitud que él era inocente de mi sangre, pero como era un hombre justo. Les dijo a los presentes, "Depende de ustedes". "¿A quién quieren que deje libre, a Jesús o a Barrabás"? La multitud gritaba, "Barrabas, Barrabas". Barrabás fue liberado y yo fui llevado a la celda para que me azotaran.

Me despojaron de mi vestimenta y me vistieron con una túnica de color púrpura. Sentí el peso de la burla y el desprecio hacia mi dignidad humana. Los soldados me colocaron una corona de espinas, mientras se burlaban mi, diciéndome: "¡Salvate, Rey de los judíos!", no respondí. Sabía que esto era parte del sufrimiento que tenía que enfrentar. Finalmente, tuve que cargar mi cruz hasta el Monte Calvario, donde todo culminaría.

No puedo comparar el sufrimiento de la traición de mi pueblo con nada. Sin embargo, la angustia de Getsemaní no fue nada en comparación con lo que estaba por llegar. Sabía que me crucificarían; no había vuelta atrás. Había venido al mundo con el objetivo de entregar mi vida por los pecados de la humanidad. Cada paso que daba me acercaba más a cumplir la voluntad de Dios. La cruz me esperaba. Tenía la certeza que, mediante mi fallecimiento, la humanidad podría encontrar la salvación. Mi misión seguía siendo clara: debía rendirme y hacer la voluntad de mi Padre.

Durante mi trayecto hacia el Calvario, caí varias veces debido al peso de la cruz. Pero no podía rendirme. Mi amor por la humanidad me impulsaba y me motivaba. Estaba consciente que mi padecimiento abriría las puertas del cielo para todos.

CAPÍTULO 8

PASIÓN, MUERTE Y RESURRECCIÓN

——— ·· • ·· ———

L a carga de la cruz resultaba insostenible. Mi corazón palpitaba con fuerza ante la dolorosa certeza de lo que debía ocurrir. El momento había llegado; la pasión había comenzado y la salvación del mundo dependía de mi sacrificio. Los soldados que me custodiaban se mofaban mientras algunos otros me golpeaban. La multitud me rodeaba, gritando y aclamando, demostrando alegría. Algunos me maldecían mientras otros lloraban en silencio. Vi rostros familiares, de quienes me seguían y me amaban. Vi cómo se desvanecía su esperanza. Vi a mi madre, María, entre la multitud. Sus ojos reflejaban un sufrimiento que no puedo describir con palabras. Su corazón también estaba siendo traspasado por una espada, como Simeón había afirmado años anteriores.

Me caí varias veces por el peso de la cruz. Sin embargo, Simón, un individuo de Cirene, una antigua ciudad griega, me ayudó a cargarla. No formaba parte de mis seguidores, pero su presencia me recordó que, incluso en momentos de adversidad, la ayuda de los demás puede ser una muestra de la misericordia de Dios. No pude evitar pensar que, en ese momento, mi carga era la de todos los hombres y mujeres que habían llegado y los que aún estaban por venir.

Al llegar al Monte Calvario, me despojaron de mi vestimenta, dejándome expuesto al mundo. Clavaron mis manos y pies a la cruz y, a pesar de que el dolor físico era indescriptible, lo que más me perturbaba era la sensación de abandono. Él, que nunca había conocido el pecado y siempre había estado en perfecta comunión con el Padre, ahora se sentía separado de Él. En ese instante, colgado allí, el dolor era incomprensible. Cada respiración era como fuego en mis pulmones. Mi sentía agobiado. No solo sentí dolor en mi cuerpo, sino que también cargué con el peso de la fragilidad y el pecado del mundo que elegí asumir.

Mi crucifixión fue una escena de dolor y sufrimiento, pero también de un inmenso amor. La multitud se burló de mí y me deshonró, desafiándome a salvarme si en realidad era el Hijo de Dios. Los sumos sacerdotes, los fariseos y los escribas vinieron a mí. Dijeron: "A otros salvó, pero a sí mismo no puede salvarse".

Y entonces, de repente, brotaron de mí las palabras: "Dios mío, Dios mío, ¿por qué me has abandonado?". No era duda, sino el llanto de un hijo en medio de la oscuridad total, sintiendo el precio de la rendición.

Aún me mantenía leal, me aferraba al propósito del Padre, aunque no podía sentir su presencia. La cruz no solo representaba una tortura. También era amor en su manifestación más auténtica y dolorosa. Lo di todo allí — mi sangre, mi aliento, mi propia vida. E incluso en medio de aquel horror, algo sagrado se estaba desarrollando: un rescate, una redención para cada una de las personas.

Uno de los criminales crucificados a mi lado me insultó. El otro hombre vio la injusticia en nuestro castigo. Me miró y dijo: "Jesús, acuérdate de mí en tu Reino".

Respondí: "Hoy estarás conmigo en el paraíso". En ese momento, la compasión me llenó el corazón. Estaba agradecido porque, aunque muchos me rechazaron, algunos comprendieron la misericordia de Dios, incluso en su última hora.

Mi madre, María, se encontraba junto a Juan, mi discípulo amado. Observaba a mi madre con el corazón rebosante de amor y compasión. Sabía que sufría. Sus lágrimas corrían por su rostro, me miraba con tristeza. Sentía mi dolor.

Entonces, mirando a mi madre, le dije: "Mujer, ahí tienes a tu hijo". Y a Juan le dije: "Ahí tienes a tu madre". En ese acto de amor, dejé a mi madre bajo la protección de Juan, mi discípulo más fiel. No dejaba de pensar en cómo ese doloroso momento se convertiría en un profundo acto de amor y protección para quienes vinieran después de mí.

Finalmente, tras horas de agonía, comprendí que el fin se aproximaba. Sentí que el amor de Dios me quitaría el sufrimiento, el rechazo y la humillación. Entregué mi espíritu al Padre. "Padre, en tus manos, encomiendo mi espíritu". Y con estas palabras, afronté el fin de mi vida humana en la cruz.

Posteriormente a mi fallecimiento, levantaron mi cuerpo y lo depositaron en una tumba proporcionada por José de Arimatea. Los discípulos, temerosos y llenos de tristeza, se dispersaron. Aún no entendían lo que había sucedido; no comprendían que mi muerte no era el final, sino el comienzo de algo mucho más significativo. No obstante, sus corazones albergaban la esperanza de que la promesa del Reino se cumpliría.

Al tercer día, mientras la tristeza llenaba los corazones de mis seguidores, ocurrió una circunstancia extraordinaria. El sepulcro en el que habían depositado mi cuerpo estaba vacío. Mi cuerpo ya no se hallaba en aquel lugar. La piedra de la entrada de la tumba había sido removida y la noticia se extendió rápidamente entre mis discípulos. María Magdalena fue la primera en verme resucitado. Se encontraba llorando junto a la sepultura, en busca de mi cadáver. Sin embargo, al observar mi rostro, no lo reconoció de inmediato. Le pregunté: "¿Por qué lloras?" "¿A quién buscas?". Y cuando ella pronunció mi nombre, le respondí: "María". Ella abrió los ojos y reconoció que estaba vivo. Le dije: "No me toques, porque aún no he ascendido al Padre." "Ve con mis discípulos y diles que estoy ascendiendo a mi Padre, nuestro Padre".

La resurrección fue la confirmación de que el Padre había aceptado mi sacrificio. La victoria sobre la muerte y el pecado, había sido completada. Me presenté a mis discípulos en varias ocasiones, mostrándoles las heridas de mis manos y mi costado para que creyeran que realmente era yo. A Tomás, que dudaba, le dije: "Pon tu dedo aquí y mira mis manos; mete tu mano en mi costado, y no seas incrédulo, sino creyente".

Durante cuarenta días, estuve en su compañía, instruyéndolos acerca del Reino de Dios y preparándolos para lo que vendría después. Les asigné una misión: "Vayan y hagan discípulos en todas las naciones, bautizándolos en el nombre del Padre, del Hijo y del Espíritu Santo". Y les prometí que no los dejaría solos, sino que enviaría al Espíritu Santo para guiarlos.

Previo a mi ascensión final al cielo, les impartí una última bendición: "Estaré con ustedes hasta el fin del mundo". Luego los observé y ascendí al firmamento, dejándolos con la esperanza de mi regreso.

El hijo de mi Padre había vencido. Con la resurrección demostré que el amor de Dios era más fuerte que la muerte. Mi misión de redención estaba completa, pero mi obra en los corazones de la humanidad continuaría. La resurrección representó un triunfo para mi y para todos aquellos que depositan su confianza en mí. La salvación había llegado y el Reino de Dios se encontraba abierto a todos.

Mi resurrección representó una demostración del poder divino y una señal de esperanza para aquellos que depositaban su fe en mí. Había logrado vencer a la muerte; sin embargo, la auténtica victoria fue el renacimiento que traía a la humanidad. Mi resurrección simbolizó mi triunfo sobre la muerte, restaurando la relación rota entre el ser humano y Dios. Todo aquel que crea en mí y acepte mi sacrificio por sus pecados gozará de vida eterna.

Mis discípulos, llenos de asombro y fe, empezaron a entender el significado de mi resurrección. Cada encuentro con ellos nos demostraba que la promesa del Reino de Dios seguía vigente. Lo sentíamos más cerca que nunca. Al llegar junto a ellos, me vieron como una señal de que el Reino de los Cielos se estaba manifestando en la Tierra.

Al reunirme con ellos, también les hablé de la misión que les aguardaba. Les informé que aunque yo ascendiera al cielo, nunca estarían solos. El Espíritu Santo los guiaría, fortalecería y empoderaría. Debían compartir mis mensajes de salvación con todos. Les pedí que no tuvieran miedo. El amor de Dios se extendería por todas partes, transformando corazones y vidas. Ascendí al cielo, sin embargo, continuo con todos los que me siguen ahora y para siempre. Mi presencia continuará con todos ustedes, ahora y para siempre. Si me necesitas, llámame y yo les responderé.

Inicialmente, mis discípulos se sentían asustados y confundidos. Sabían que les esperaban momentos difíciles y tendrían que ser fuertes. De repente el Espíritu Santo los empoderó. Comenzaron a predicar el Evangelio con valentía y una determinación inquebrantable. Fueron los primeros en observar la renovada vida en mí. Su testimonio, en consonancia con el mío, sentó las bases de la iglesia, estableció los cimientos de la iglesia, la cual se expandiría a lo largo de los siglos. Ascendí al cielo y mis discípulos continuaron predicando todo lo que yo les había enseñado.

CAPÍTULO 9

MI LEGADO

Al ascender al firmamento, dejé una tierra transformada y un mensaje de amor y salvación. Comprendía que el camino sería largo; las personas aún tenían un extenso camino por recorrer antes de comprender mi legado. No obstante, estaba consciente de que mis discípulos propagarían el mensaje que les había transmitido a nivel mundial.

Mi ascensión representó la última etapa de mi misión en la Tierra y, a pesar de ya no me manifesté físicamente, mi presencia espiritual permaneció con cada uno de mis seguidores, guiándolos y fortaleciendo sus corazones.

Mis discípulos quedaron maravillados por mi resurrección. Me observaron ascender al cielo. Sintieron tristeza, pero sus corazones rebosaban de esperanza. Habían visto lo imposible: mi muerte y resurrección. Les encomendé una tarea extraordinaria, algo que jamás imaginaron: llevar mi mensaje de salvación a todas las naciones.

Al presentarse los ángeles, les comunicaron que me verían regresar, tal como me habían visto partir. Sabía que tenían temor, pero también era consciente que podían cumplir la misión que les había asignado.

El Espíritu Santo se presentaría con prontitud y les proporcionaría la fortaleza y conocimiento necesario para llevar mi mensaje más allá de las fronteras de Israel. Les enseñé cómo podían establecer una relación directa con el Padre mediante la comunicación directa con él. Les mostré cómo vivir con amor, humildad y compasión, y les dejé ejemplos de servir a los demás y amar al prójimo como a sí mismos. Mi misión era dar vida, reparar lo roto, sanar las heridas humanas y guiar a otros a la salvación. Al partir, mi mensaje fue permanecer en sus corazones y predicar a todos los rincones del mundo.

A través de mis apóstoles, mis enseñanzas se propagaron a todos los rincones del Imperio Romano y trascendieron más allá. Quienes caminaron a mi lado y me vieron morir y resucitar se convirtieron en los portadores de la antorcha de la fe. A pesar de las persecuciones, los desafíos y las pruebas, mi mensaje continuó difundiéndose. Los seguidores que se unieron a ellos formaron comunidades de creyentes, pequeñas al principio, pero que, con el tiempo, crecieron y se extendieron por todo el mundo. En cada rincón del imperio, la gente proclamaba que el Reino de Dios estaba cerca, que la salvación había llegado y que quien creyera en mí tendría vida eterna en el regazo del Padre.

El cristianismo comenzó a extenderse, no solo con palabras, sino también con acciones. Muchos de mis seguidores aceptaron mis enseñanzas a lo largo de sus vidas. Contribuyeron al bienestar de los demás, compartieron amor incondicional y descubrieron la verdadera paz. Cada vez que mis seguidores ayudaron a los enfermos, alimentaron a los necesitados o perdonaron a otros, difundieron mi mensaje de amor.

A lo largo de los siglos, mi mensaje de amor y perdón ha estimulado movimientos en pro de la justicia, solidaridad y renovación en las sociedades. Mi vida y mi sacrificio inspiraron a personas de todas las naciones a buscar la paz, la reconciliación y la justicia. La benevolencia divina acogió a los desfavorecidos y marginados. A pesar de su imperfección y humanidad, la Iglesia se convirtió en el cuerpo de creyentes llamados a vivir conforme a mis enseñanzas. Continuó transmitiendo mi mensaje de esperanza a través de la Iglesia y las instituciones que buscan manifestar mi amor y servicio. Puede que tengan errores humanos, pero aún continúan esforzándose por representar el ejemplo y el espíritu de mi misión.

El cristianismo revolucionó la cultura y la espiritualidad global de maneras que mis primeros discípulos jamás imaginaron. Los valores del amor hacia el prójimo, el perdón, solidaridad, dignidad humana y la igualdad ante Dios fueron valores que mis discípulos y seguidores enseñaron a las sociedades de todos los continentes. Este mensaje influyó en las instituciones religiosas, políticas, económicas y culturales. Mis enseñanzas inspiraron reformas y derechos humanos. También impulsaron la justicia social y movimientos en pro de la dignidad humana.

Cuando mis seguidores reflexionaron sobre los acontecimientos a lo largo de los siglos, comprendieron que mi sacrificio en la cruz y mi resurrección trajeron esperanza para el futuro y transformación para el presente. Cada corazón que encontró fe, cada vida que fue tocada por mi amor, se convirtió en un testimonio de lo que Dios podía hacer en el mundo a través de una sola persona dispuesta a seguirme. Los milagros que levé a cabo durante mi permanencia en la Tierra continuaron, de una forma distinta, en las vidas de aquellos que me siguieron a través de mi Espíritu Santo.

Aunque mi ascensión marcó mi separación física de mis discípulos, mi presencia persistió en ellos y en cada nuevo creyente. Estuve y continuaré con ellos por medio del Espíritu Santo, el Consolador, quien guiará a la Iglesia hasta el fin. Esta promesa fue mi último regalo: nunca estarán solos. Aunque las pruebas sean duras, la paz que les dejé será aún mayor. La misión que dejé a mis discípulos y a todos los que creen en mí vivirá para siempre. Cada generación es responsable de llevar la antorcha de la fe, compartir el Evangelio de la esperanza y vivir como testigos de la luz que trae vida al mundo.

Y aún hoy, mi legado perdura. En cada ocasión en que alguien ora, perdona o sirve con amor, mi corazón se llena de júbilo. El espíritu continúa desempeñando sus funciones en el mundo. Fundamentalmente, el cristianismo no constituye una religión de normas, sino una invitación a establecer una relación transformadora con el Creador. Esta relación comenzó con mi existencia, fallecimiento y resurrección, y continuará a lo largo de los siglos.

Al reflexionar sobre mi vida, me llena de alegría ver cómo lo que empecé en mis últimos años ha tenido un gran impacto. No se trató de un movimiento de índole religioso, sino de una transformación para la humanidad. Después de más de 2000 años, estoy consciente de que muchas personas me siguen. Si bien estoy consciente de que otros se han distanciado de mí, no abandono la esperanza de que comprendan que soy la verdad y la vida. Cada acto de amor, servicio y perdón constituye una manifestación de mi presencia, de mi vida presente en cada uno de ustedes. Mediante mi sacrificio, el amor eterno de Dios ha llegado al mundo. Ese amor continúa tocando corazones, sanando heridas y cambiando vidas.

Mi legado perdura a través de mis seguidores y en los corazones que han sido transformados por el amor de divino. Quienes creyeron en mí recibieron una fe abstracta y una invitación a vivir una nueva realidad. Esta nueva realidad no solo representa una esperanza para el futuro, sino una manifestación del Reino de Dios en el presente. Cada vida restaurada y corazón sanado demuestra que el Reino de los Cielos ya está aquí. Puede que aún no esté completamente terminado, pero su presencia es evidente.

Mi legado es más que palabras o enseñanzas. Es una invitación a vivir el amor de Dios, compartirlo con los demás y ser instrumentos de paz y reconciliación en un mundo dividido. Así como el Espíritu Santo vino a guiar a mis primeros discípulos, hoy continúa guiando a quienes deciden seguirme, a tomar mi cruz y a vivir en el poder
de mi resurrección.

Mis discípulos emprendieron viajes, predicaron y establecieron comunidades. Compartieron mis palabras y el amor que les mostré. Mi mensaje ha sufrido distorsiones con el tiempo; sin embargo, su esencia permanece. Prospera en quienes han tomado mi cruz y seguido mi camino. Cada sacrificio de amor, acto de bondad y justicia, refleja mi Espíritu obrando en todo el mundo.

Lo que comenzó en un pequeño rincón del mundo, en una aldea olvidada, se expandió a lo largo de los siglos. Así, llegó a los lugares más remotos de la tierra. Mis enseñanzas sobre la misericordia, el perdón y la dignidad humana han ejercido una influencia significativa en movimientos que han luchado por la justicia, la igualdad y la paz. A pesar de su imperfección, la Iglesia ha fungido como el medio por el cual ha sido transmitido el mensaje de salvación, no únicamente mediante sus palabras, sino también mediante sus acciones.

Cada generación de creyentes cristianos tiene el deber de propagar esta luz, viviendo conforme a los principios de amor y sacrificio que establecí para ellos. Hoy, en cada rincón del mundo, mi Espíritu guía a quienes me siguen, recordándoles que mi amor no conoce límites, que mi sacrificio fue por todos y que la misión de expandir el Reino de Dios sigue siendo una llamada constante. El mensaje de amor, esperanza y redención continúa expandiéndose. Y esta es mi promesa: "permaneceré con ustedes hasta el final de los tiempos".

CAPÍTULO 10

PARÁBOLAS

Durante mis predicaciones en diversos lugares, compartía historias simples con la multitud para que pudieran entender mi mensaje. Estas historias conmovían los corazones y abrían las mentes de quienes las escuchaban. Las llamé "parábolas". Revelaban verdades profundas y desafiaban las creencias comunes sobre el Reino de Dios. Les contaba historias mediante imágenes y situaciones sencillas que cualquier persona podía entender. Poseían interpretaciones profundas que contenían una educación moral y religiosa, revelando una verdad espiritual de manera comparativa.

La parábola del labrador

Una de las historias más conocidas que conté fue la de un labrador de la tierra que salió a sembrar. Esparció las semillas. Algunas se le cayeron de las manos y las aves se las comieron. Otras cayeron en terreno pedregoso, por lo que se secaron sin raíces profundas. Algunas cayeron entre espinos que las ahogaron. No obstante, otras cayeron en tierra fértil, donde produjeron una cosecha abundante.

Esta simple parábola ilustra la manera en que la Palabra de Dios penetra en el corazón humano. Algunas personas la rechazan, otras la aceptan únicamente por un periodo de tiempo, mientras que otros permiten que las inquietudes del mundo la sofoquen. No obstante, aquellos que la reciben con un corazón dispuesto y abierto darán fruto abundante. Cada uno de ustedes puede recibir esa semilla en su corazón. Sin embargo, es su responsabilidad asegurar que la tierra esté preparada para recibirla. También debe ser fértil para permitir su crecimiento.

La parábola del buen samaritano

Un sacerdote y un levita, dos personas importantes, pasaron de largo. Ignoraron a un hombre herido que yacía abandonado al borde del camino. Sin embargo, un samaritano, visto como un enemigo por muchos, se detuvo. A pesar de que pertenecía a otra etnia y religión, le brindó cuidado y atención. Al contar esta parábola, les enseñé que la compasión genuina no tiene barreras. El estatus de una persona no define la verdadera bondad. En cambio, demuestra la manera en que se percibe al prójimo no únicamente con los ojos, sino también con el corazón. Esta parábola cuestiona la noción de que únicamente los individuos "justos" tienen la capacidad de ofrecer compasión. El samaritano, el cual fue rechazado por un gran número de individuos, representó un ejemplo de genuino amor.

La parábola del hijo pródigo

Un joven le pidió a su padre su herencia. El padre se sorprendió, sin embargo, le entregó su herencia. El joven, tras recibir el dinero, se fue lejos. Posteriormente, regresó a casa sin un solo centavo. Esperando que su padre lo tratara como a uno de sus sirvientes por haber gastado todo el dinero que le había dado. Para su sorpresa, su padre lo recibió con los brazos abiertos, celebrando con alegría su regreso.

Esta historia representa la esencia del corazón de mi Padre celestial. No importa cuántos errores hayamos cometido ni cuánto nos hayamos desviado, Dios siempre nos perdonará y nos recibirá con amor, si nos arrepentimos. Su misericordia es infinita, que constituye la esencia del Evangelio. Ningún pecado es demasiado grande para la gracia que ofrezco.

La parábola del hombre rico y Lázaro

Había un hombre rico que vivía lujosamente, mientras que un pobre llamado Lázaro yacía en la miseria a su puerta. Ambos individuos murieron; el rico fue al Hades, mientras que Lázaro fue al lado de Abraham. El hombre rico, sufriendo, le pidió a Abraham que enviara a Lázaro para aliviar su dolor. Pero Abraham le respondió: "Hay un gran abismo entre nosotros". Esto demuestra cómo, en la vida, nuestras decisiones importan. El hombre rico vivía para sí mismo, mientras que Lázaro vivía en humildad y fe. Recuerda: las acciones que realizas en esta vida tienen repercusiones en toda la eternidad.

La parábola de las diez vírgenes

Diez vírgenes fueron a esperar al novio. Cinco de ellas no consiguieron abastecerse con aceite suficiente para sus lámparas. Cuando el novio llegó, se dio cuenta de que algunas novias no estaban listas y las dejó afuera. Esta historia es una lección sobre la preparación y la supervisión. Debemos tomar la venida del Reino de Dios con gran seriedad. Esperar al Señor requiere una preparación constante, mantenerse siempre alerta y preparados. No sean como las vírgenes imprudentes que esperaron hasta el último momento para prepararse y no fue suficiente. La vida espiritual requiere disciplina, perseverancia y constante dedicación.

La parábola de los talentos

Este es el relato de un hombre que dio a sus tres sirvientes diversas sumas de dinero antes de emprender su viaje. Dos de los sirvientes multiplicaron las sumas que su amo les había dado. El tercer sirviente, temeroso, enterró el dinero y no hizo nada con él. Esta historia nos enseña que hay momentos en los que debemos actuar: no tener miedo de usar los dones que Dios nos da. No escondas tus talentos ni tengas miedo de asumir la responsabilidad de lo que otros te han confiado. El Reino de Dios no se reserva para aquellos que son perezosos. Es para aquellos individuos que anhelan una vida con un propósito. Nos enseña a servir a los demás con lo que tenemos. Cada persona tiene una misión que debe cumplir en este mundo y debe hacerlo con humildad y dedicación.

La parábola del sembrador y la cizaña

El Reino de los Cielos se asemeja a un hombre que plantó una buena semilla en su campo. No obstante, mientras él reposaba, su adversario sembró cizaña entre el trigo. Los sirvientes querían arrancar la cizaña, pero el sembrador les dijo que no lo hicieran porque dañarían el trigo. Al final, el trigo y la cizaña se separarán en la cosecha y la cizaña será quemada. Así será al final de los tiempos: los justos serán separados de los malvados y los malvados serán arrojados al fuego eterno.

La parábola de la perla de gran valor

El Reino de los Cielos es como un comerciante que busca perlas finas. Cuando encuentra una de gran valor, vende todo lo que tiene para comprarla. Así es el Reino de Dios: es tan valioso que debes estar dispuesto a sacrificar todo lo que posees para obtenerlo. Nada en esta vida es más importante que el Reino de los Cielos.

El Reino de Dios vale más que cualquier otra cosa que podamos poseer o desear. Nada se le compara, y alcanzarlo requiere disposición para renunciar a todo lo que estorbe. El énfasis está en la entrega total y en reconocer su valor supremo. Vale más que cualquier otra cosa que podamos poseer o desear. Nada se le compara, y alcanzarlo requiere disposición para renunciar a todo lo que estorbe. La prioridad radica en la entrega total y en el reconocimiento de su valor supremo.

La parábola de los trabajadores de la viña

Un hombre contrató obreros para trabajar en su viña durante el día. Les pagaba a todos lo mismo, sin importar cuántas horas hubieran trabajado. Quienes habían trabajado más se quejaron, pero el dueño de la viña le explicó que tenía derecho a hacer lo que quisiera con su propiedad y que también debía tratar con menos generosidad a quienes habían trabajado menos. Esta parábola nos instruye acerca de la gracia Divina. El Reino de

Dios no se ajusta solo a los estándares humanos, sino que es un Reino de infinita generosidad.

Ambas historias ilustran mi mensaje de que cada alma tiene un inmenso valor ante Dios. En la primera, el pastor deja noventa y nueve ovejas para encontrar una pérdida. En la segunda, el padre corre a abrazar a su hijo cuando regresa. Estas historias muestran el amor incansable de Dios por sus hijos. No importa cuán distantes o perdidos nos sintamos, el corazón de Dios siempre tiene un lugar para nosotros.

La parábola del gran banquete

Un hombre dio un gran banquete e invitó a mucha gente, pero cuando llegó la hora, todos pusieron excusas para no asistir. El anfitrión, enojado, envió a sus sirvientes a invitar a los pobres, cojos y ciegos a llenar su casa. Así será con el Reino de Dios: los primeros serán últimos y los últimos primeros. Quien no aprecie el llamado a su salvación quedará excluido.

El Reino de Dios es como una celebración abierta para todos, sin embargo, muchos la rechazan por aferrarse a sus propias prioridades. Quien acepta la invitación con un corazón dispuesto, sin excusas, encuentra un lugar en la mesa del Padre.

La parábola de la higuera estéril

Un hombre plantó una higuera en su viña, pero esta no dio fruto. Después de tres años, le pidió al jardinero que la cortara, pero este le dijo que la dejara un año más para que la fertilizara. Si no daba fruto, la cortaría. Esta parábola evidencia la perseverancia divina, que proporciona un período para el arrepentimiento. Pero ese tiempo no es eterno y el juicio vendrá si no damos fruto.

La parábola del juez injusto

Esta es la historia de un juez frío, endurecido, que no se movía ni por compasión ni por la justicia. Era injusto y no temía a Dios ni a los hombres. Existía una viuda que recurría a él repetidamente en búsqueda de justicia. Ella persistió en presentarse ante él, repetidamente, pidiéndole que le hiciera justicia frente a quien la perjudicaba.

Finalmente, el juez accedió, argumentando que lo hacía debido a la molestia que experimentaba por parte de la viuda. ¿Acaso Dios no hará justicia a los suyos que claman a él diariamente? De verdad les digo que lo hará, y pronto. No pierdan la esperanza, porque Dios escucha sus oraciones.

La fe no consiste en pedir una vez y luego redimirse. La fe genuina es seguir pidiendo, aunque parezca que el cielo guarda silencio, porque sé que Dios escucha incluso cuando no sientas respuesta inmediata. No se trata de convencer a Dios, sino de demostrarle que tu confianza en Él es más fuerte que el cansancio o la desesperanza. Por consiguiente, cuando ores y paresca que nada cambia, recuerda a aquella viuda.

La parábola de la semilla de mostaza

El Reino de Dios se asemeja a una pequeña semilla de mostaza. A pesar de ser pequeña, crece y se convierte en un gran árbol. Comienza en cada corazón.

Inicialmente, una chispa de fe puede parecer insignificante. Sin embargo, si la alimentas con oración, acción y amor, crecerá. Así, se convertirá en algo extraordinario, ofreciendo sombra y refugio a muchos. En ocasiones, lo que inicialmente parece insignificante puede transformarse en algo de gran importancia. No menosprecie el poder que posee la fe, incluso si es tan insignificante como una semilla.

La parábola del siervo inútil

Un siervo trabaja en el campo, y al retornar fatigado a su hogar, no espera que le expresen gratitud, sino que prosigue con su labor. Por lo tanto, no se consideren merecedores de una recompensa cuando hayan cumplido todos los mandamientos. Recuerden que son servidores inútiles; que solo hacen lo que debían hacer. No persigan gratificaciones terrestres, sino recompensas celestiales, porque todo lo que hagas en mi nombre será recompensado.

Esto no es un desprecio hacia ustedes, sino un camino de humildad. El servicio a Dios no es una carga, ni un lugar para engrandecerse. El verdadero regalo ya lo tienen. El Padre ya les ha proporcionado la vida, la gracia y todo su amor. Lo que hagan en obediencia no aumenta su valor ante Él, sino que expresa su gratitud.

El que presta sus servicios con un corazón humilde es grande en el Reino, porque no busca aplausos, ni recompensa, sino vive para cumplir con la voluntad de mi Padre. De esta forma deseo que ustedes vivan: libres del orgullo, fieles en lo mínimo y agradecidos por todo lo que ya han recibido.

La parábola de la moneda perdida

Una mujer tenía diez monedas, pero perdió una. Encendió una lámpara, buscó por toda la casa hasta encontrarla. Al encontrarla, llamó a sus amigas y se alegró profundamente. Este es el placer que se encuentra en el cielo por un pecador que se arrepiente. Mi Padre celestial se regocija grandemente cuando alguien se vuelve a Él con un corazón sincero.

Cada uno de ustedes se puede comparar con esa moneda. Aunque el mundo los ignore y se sientan olvidados en un rincón oscuro, para Dios continúan teniendo el mismo valor. Él no se resigna a perderlos; Él prende la luz, moviliza todo lo necesario y no descansa hasta encontrarlos. Y cuando los encuentra, no los juzga por haberse caído, sino que celebra porque regresaron a sus manos.

Cuando uno de ustedes, que parecían perdidos, retorna a su sendero, mi Padre se llena de alegría más que por aquellos que nunca se desviaron de su camino. Así es el amor de Dios: busca, rescata y se alegra. Porque para mi Padre ninguno de ustedes es insignificante; todos son un tesoro en su corazón.

La parábola de la oveja perdida

Un pastor posee cien ovejas; sin embargo, una de ellas se pierde. El deja solas las noventa y nueve y busca la que falta.

Esta historia refleja el amor incansable de Dios hacia cada uno de ustedes. No importa cuántos estén a salvo, su amor no descansa hasta encontrar a uno perdido. Mediante esta parábola, les demostré que, sin importar cuán lejos hayan llegado o cuán perdidos se sientan, siempre estaré dispuesto a buscarlos y traerlos de vuelta. Cada alma posee una importancia incalculable para mí. Todos importan; todos son merecedores de reconocimiento.

La parábola de los dos hijos

Un padre les pidió a sus dos hijos que trabajaran en su viña. El primero afirmó que no, pero luego cambió de opinión y se dirigió a trabajar. El segundo manifestó su intención de ir, pero no lo hizo.

Esta historia demuestra que no son las palabras lo que importa, sino las acciones. Muchos pueden prometer diversas cosas, sin embargo, la obediencia de corazón tiene la importancia principal. La frecuencia con la que afirmamos que actuaremos no resulta indispensable en el Reino de Dios.

Lo que es relevante es nuestra honestidad al hacerlo. Muchos individuos pueden prometer diversas cosas. No obstante, la obediencia de corazón es fundamental. En el Reino de Dios, no importa la frecuencia con la que digamos que haremos algo; lo que importa es si lo hacemos con sinceridad.

Cada parábola que conté tiene un propósito: despertar en ustedes una mayor conciencia de lo que significa seguir a Dios. Vivir conforme a sus principios y buscar su Reino. Son lecciones profundas sobre cómo vivir una vida plena, experimentar el amor incondicional de Dios y compartir ese amor con los demás. Estas parábolas siguen siendo tan relevantes hoy como lo fueron hace siglos.

CAPÍTULO 11

¿CÓMO ME SIENTO HOY?

H oy siento un profundo sentimiento de tristeza. Me duele ver cómo el mundo ha cambiado. El amor que di y que esperaba ver crecer, se ha perdido en la neblina de la indiferencia, el pecado y la desesperanza.

Cuando miras a tu alrededor, ¿qué ves? Odio, envidia, egoísmo y violencia. Tantas almas perdidas han olvidado la verdad de mi mensaje. Me duele ver a tantos que ya no creen en mi Padre.

Se han alejado de Él y olvidan mis promesas. Ignoran el sufrimiento que soporté por ellos.

El Padre me ha encomendado una misión que encarna la verdad eterna. Regreso a este mundo para guiar a quienes creen en mí. Quiero que sigan mi camino hacia la paz y la salvación. Así cumplo la promesa del Padre de justicia divina. El mal, el pecado y la injusticia han invadido este mundo. Lo veo a diario, en cada rincón de la tierra y en cada corazón que se aleja de Dios. La incredulidad ha aumentado. La desesperación ha afectado a muchos. La humanidad ahora vive en una oscuridad más profunda que antes de mi crucifixión.

En su afán por seguir sus deseos, las personas han perdido la capacidad de ver la luz que brilla en medio de la oscuridad. Ya no buscan la paz, sino que se deleitan en la discordia. Ya no buscan justicia, sino poder. Ya no dicen la verdad, sino mentiras. ¿Cómo podría haber perdurado mi mensaje de amor y sacrificio si aquellos que recibieron mi palabra se han vuelto sordos a ella? Me siento solo, aislado en un mar de indiferencia y pecado.

Mi corazón se llena de tristeza al ver cómo el pecado ha crecido. La gente parece no resistirse y se aleja de Dios. Las comunidades, los hogares y los corazones de la gente parecen vacíos. El egoísmo y el materialismo han llenado todos los aspectos de la vida. La fe en mi Padre se ha cambiado por una falsa esperanza en los ídolos de este mundo. La avaricia, el odio y la ira parecen dominar los corazones, y la paz que proclamé se ha perdido. Muchos han optado por caminar en la oscuridad en vez de vivir en la luz del amor. Prefieren las sombras vacías a la verdad.

¿Qué ha pasado con la compasión? ¿Qué ha pasado con el perdón que les enseñé? Hoy en día, el mundo está lleno de resentimiento, venganza y amargura. Las relaciones se rompen fácilmente, el amor se desvanece y las heridas del corazón se profundizan. Me duele ver cómo quienes podrían vivir en armonía, eligen el conflicto. Aquellos que podrían abrazarse se distancian. Los lazos de hermandad que los unieron parecen haber desaparecido.

Sin embargo, lo que más me duele es ver cómo se ha perdido el respeto por la madre que Dios me dio. ¡Mi madre! La que me dio la vida en esta tierra, la que fue mi refugio, mi fuerza, mi ejemplo de amor y fe. ¡Cuánto me duele ver a mi madre despreciada, rechazada e insultada continuamente! Me recuerda cuántos la han olvidado, cómo la niegan y la ridiculizan. María, elegida por el Padre para ser mi madre, me dio amor incondicional. Sufrió conmigo y estuvo a mi lado hasta el final. Ella, la que me vio crecer, la que me vio predicar y me acompañó en cada paso del camino. ¿Qué tan grande es su dolor al ver cómo su hijo es rechazado y cómo se muestra indiferencia hacia su maternidad?

Todo hijo, en su amor por su madre, sufre al ver que alguien la insulta o la rechaza. Y como su hijo, sufro profundamente al ver que tantos no la honran ni la respetan. Ella fue mi madre terrenal y un reflejo del amor de Dios en la Tierra. La gente ya no la ve como un modelo de humildad, obediencia y pureza. Ahora la tratan como a una mujer común. Su tristeza es infinita. Ella sigue orando por ustedes. Aunque algunos no lo sepan, los ama y espera su regreso al amor de Dios.

Pero no es solo mi madre la que sufre. Es el mismo Dios que me envió al mundo. El Padre, que me mandó a vivir y morir por ti, también sufre al ver a tantos de sus hijos alejarse de Él. Y me siento impotente al ver a tantos rechazar los sacrificios que hice por ellos y cómo se niegan a aceptar mi amor. ¿No me vieron cuando me ofrecí a ellos como el Cordero de Dios? ¿No vieron mi sufrimiento en la cruz? ¿No entendieron el mensaje de redención, amor y perdón?

La humanidad está más lejos de Dios que nunca. Y no, no me equivoco al decir esto. Vivimos en tiempos en que el mal se ha vuelto tan común que ya no parece algo extraño. La gente ha olvidado la bondad, la justicia y la verdad. Como dije en las Escrituras, el mundo es más corrupto que en los días de Sodoma y Gomorra. Quienes fueron destruidos por su maldad no eran más pecadores que el mundo de hoy. Las mismas actitudes de orgullo, corrupción, lujuria y rechazo a la verdad están en todas partes. Y, al igual que en aquellos días, ahora están surgiendo los ídolos modernos: el dinero, el poder, la fama, la indulgencia. Se persiguen estos ídolos en lugar de la paz, la justicia y el amor verdadero. Y les pregunto: ¿dónde está la fe? ¿Dónde están los que me siguen, los que predican esperanza y paz? ¿Por qué son tan pocos los que luchan por la justicia y trabajan para sanar este mundo destrozado? Se me ha concedido un gran amor para dar, pero ¿quién lo está recibiendo? Las naciones luchan entre ellas. Las familias se rompen. Los corazones se endurecen. Yo, que vine a enseñar paz y amor, sigo esperando que el mundo cambie.

Hoy siento una sensación de tristeza intensa; sin embargo, aún tengo esperanza. La esperanza no ha desaparecido, a pesar de que las sombras se intensifican. Mi corazón permanece abierto a quienes me buscan y anhelan regresar a la verdad y la luz. Mi amor no ha cambiado; mi sacrificio permanece. Mi madre, quien dedicó su vida por mí, continúa intercediendo por ti, suplicando por tu retorno al corazón de Dios.

A pesar de que sé que muchos ya no me escuchan, no pierdo las esperanzas de que se arrepientan y regresen a mi Padre. Sé que siempre hay una oportunidad para el arrepentimiento, la conversión y el retorno al amor divino. Mi madre me dio la vida y, a través de ella, te doy una nueva oportunidad para encontrar el amor y la salvación. No importa cuánto te hayas desviado, siempre hay una oportunidad para regresar a casa.

Hoy, mi melancolía proviene no solo de la indiferencia y el pecado que hay en el mundo. También duele ver que muchos aún no comprenden el mensaje que traje. Me sacrifiqué, dejé el puente entre la humanidad y Dios, para que pudieran tener vida eterna. Pero muchos siguen eligiendo la oscuridad sobre la luz, el egoísmo sobre el amor. Aquellos que deberían presenciar mi paz y perdón han cerrado sus corazones. La humanidad me ha dado la espalda, pero no dejo de llamarlos. No dejo de brindarles mi mano de gracia, con la aspiración de que, en algún momento, todos regresen a mí.

Me indigna escuchar cómo mis palabras, mi mensaje, se usan para justificar el odio, la división y la violencia. Mi mensaje de amor ha sido distorsionado y manipulado. Los individuos que se autodenominan mis seguidores han olvidado las bases de mi doctrina: el amor hacia el prójimo, la misericordia y el perdón. Mi existencia fue un testimonio de humildad y sacrificio; sin embargo, muchos de mis discípulos se han desviado de dicha verdad. En lugar de dar vida, han causado muerte con sus divisiones y sus condenas. En lugar de ser luz en el mundo, han contribuido a profundizar la oscuridad en él.

Rechazan la nueva vida que ofrezco. Han olvidado mi cruz, que fue por ti, y por todos, que sufrí y morí. Sigo esperando con los brazos abiertos, con la esperanza de que algún día regreses a mí.

Ha llegado el momento en que muchos anhelan y otros temen; está más cerca de lo que creen. Yo vine al mundo hace siglos. Regresé para ayudarlos a encontrar el verdadero camino. Quiero que restauren su relación con mi Padre y vivan en paz y amor. Y ahora, después de dar mi vida por ustedes, tras ser rechazado y crucificado, les hablo de nuevo. Mi regreso está cerca.

El Padre me ha encomendado una misión que, aunque a algunos les pueda parecer lejana, es la verdad eterna. Regreso a este mundo. No solo para guiar a quienes creen en mí y siguen mi camino hacia la paz y la salvación. También para cumplir la promesa de la justicia divina. Este mundo se ha llenado de maldad, injusticia y pecado. Lo veo a diario, en cada rincón de la tierra, en cada corazón que se aleja de Dios. La incredulidad ha aumentado, la desesperación se ha apoderado de muchos. La humanidad ha caído en una oscuridad aún más profunda que en los días previos a mi crucifixión.

No obstante, tal como lo mencioné anteriormente, no vine solamente a traer retribución. Vine a ofrecerles una oportunidad más, un espacio más para arrepentirse, para que se vuelvan a mí con todo su corazón. Sin embargo, la decisión es suya. Los que rechazan mi amor y eligen el pecado en lugar de la gracia enfrentarán graves consecuencias. Mi regreso traerá alegría a los justos y juicio a quienes han optado por permanecer en la oscuridad. No vine a traer paz, sino a traer la verdad. Y la verdad es que quienes se alejan de mi Padre y rechazan la salvación no tendrán acceso a la gloria celestial.

El juicio que se aproxima será significativo. Mi amor y mi paciencia son extraordinarios. Durante siglos, he esperado, he llamado a las puertas de los corazones y he dado a los hombres la libertad de elegir. Y ahora, cuando el tiempo apremia, cuando el mundo se ha oscurecido, llegará el juicio. Ya no habrá oportunidades para quienes han vivido en rebelión, pecado e incredulidad. El pecado no se puede tolerar para siempre. Cuando regrese, veré el sufrimiento de quienes se alejaron de la luz.

Habrá grandes cataclismos y terremotos. Los cielos llorarán por las almas perdidas. Las naciones se tambalearán. La humanidad entenderá que los días de gracia han terminado. La justicia que vendrá será como una espada que corta todo mal.

No teman los que me siguen y creen en mi nombre y en el de mi Padre. Vengo a liberarlos de la penumbra. No habrá más sufrimiento para los justos. La vida eterna será su recompensa.

Para quienes se arrepientan y busquen mi perdón, habrá un lugar en el Reino de los Cielos. Será un lugar de paz, amor y luz eterna. El perdón está disponible para todos. Pero deben arrepentirse de corazón, cambiar su conducta y vivir según la voluntad de Dios. Deben amarse unos a otros como yo los he amado, perdonar a quienes les hacen daño y vivir en justicia, humildad y paz.

¿Cómo pueden alcanzar el cielo eterno? Les digo esto: Primero, deben reconocer que soy el Hijo de Dios, el Salvador del mundo, el único camino al Padre. No hay otra forma en que pueden ser salvos. Deben tener fe en mi sacrificio, mi muerte en la cruz y mi resurrección. Estos actos son el camino para que la humanidad se reconcilie con Dios. En segundo lugar, deben arrepentirse de sus pecados. El arrepentimiento es fundamental. No pueden vivir en pecado y esperar la salvación. El arrepentimiento no es solo sentir dolor por el mal cometido, sino también cambiar de corazón y de acción. Hay que abandonar el pecado y abrazar la vida en Cristo.

Debes vivir con fe, esperanza y amor. Ama a Dios con todo tu corazón, con toda tu alma y con toda tu mente. Ama a tu prójimo como a ti mismo. Estas no son solo palabras agradables; son el verdadero camino a la vida eterna. No entrarán al Reino de los Cielos, solo quienes digan: "Señor, Señor". Entrarán quienes realmente hagan la voluntad de mi Padre. Esa voluntad es que vivan con amor, justicia, perdón, paz y humildad.

El cielo es un lugar donde reina la paz, donde ya no hay lágrimas, dolor ni sufrimiento. Es el lugar al que te he invitado. Para llegar, debes estar listo para seguirme. Tienes que vivir como yo viví, seguir mis enseñanzas y sentir mi amor. No es fácil porque el camino al cielo es angosto, pero es el único camino verdadero. Quienes eligen el camino ancho del pecado y la negación de la verdad no entrarán en mi reino.

Quienes sigan sin creer en mí, continúen en su pecado y no se arrepientan, enfrentarán graves consecuencias. No me regocijo al decir esto, pero la verdad debe ser conocida. Si no se arrepienten antes de morir, su destino será separarse de Dios. El castigo será severo porque han decidido rechazar la gracia que les ofrecí. No hay esperanza para quienes mueren en su pecado sin arrepentirse. Yo soy el camino, la verdad y la vida. Si no me siguen, no podrán llegar al Padre. Si eligen ignorar mi sacrificio y mi llamado, enfrentarán un sufrimiento eterno. Estarán alejados de la presencia de Dios.

No vine a condenar al mundo, sino para salvarlo. Sin embargo, el juicio llegará. Mi regreso será el momento de separar a los justos de los injustos. Será el tiempo de distinguir a quienes me siguieron de los que me rechazaron. Habrá lamentación y llanto en aquellos que no se arrepientan. Su destino será el dolor eterno, lejos de la luz y la paz de Dios. Mi propósito es brindarles la salvación, pero es exclusivamente para aquellos que la acepten.

Por ende, les exhorto nuevamente a que se arrepientan. Vuelvan a mí antes de que sea demasiado tarde. No hay tiempo que perder. El Reino de Dios está cerca y mi regreso será pronto. Atiendan mi llamado y no se resistan a abrir sus corazones. Mi amor aún espera; mi misericordia aún está disponible. No importa cuán lejos hayan llegado, siempre pueden regresar. Mi retorno será su última oportunidad, no esperen hasta el último minuto. Vengan a mí ahora que aún hay tiempo para que sean salvados. Mi regreso se encuentra próximo. Mi Padre me envía para darles justicia, paz y vida eterna. También regreso a ver a quienes se han arrepentido, han vivido en la verdad y han seguido el camino del amor. Prepárense porque ya no habrá oportunidad de cambiar cuando llegue. Este es el período de la decisión; el tiempo de la gracia y de la salvación.

CAPÍTULO 12

MI REGRESO

· •●• ·

Como les mencioné anteriormente, mi regreso será un acontecimiento trascendental. Muchos no esperarán y, por lo tanto, no estarán preparados para recibirme. Mi regreso no será una visita breve, ni silenciosa ni discreta. Marcará el momento de la verdad. El instante en que el cielo y la tierra se encuentren y la humanidad rendirá cuentas por sus decisiones.

He observado el sufrimiento de este mundo, las luchas, las guerras, el hambre, el dolor y la desesperación. Los que siguen mis enseñanzas buscan fomentar la paz y el amor. Pero los que se alejan de mí siembran discordia. He ofrecido misericordia a

MYRA LÓPEZ

quienes han pecado y he pedido arrepentimiento. No obstante, muchos han optado por seguir su propio camino, el cual los conduce al abismo.

Regresaré con justicia, lo que separará a los justos de los injustos. Es el momento de la reconciliación final. Para aquellos que han seguido mi camino y han buscado mi rostro con humildad y amor, habrá una recompensa. Serán testigos de mi gloria y vivirán en paz eterna. Los cielos se abrirán y verán al Hijo del Hombre venir con gran poder y gloria. Este es el momento que los justos han anhelado. Los veré cara a cara. Les daré lo que siempre he prometido: un lugar en mi Reino. Allí no habrá dolor ni tristeza, solo paz, amor y felicidad eterna.

Mi retorno también traerá juicio para aquellos que me rechazaron y no creyeron en mí. Será un tiempo terrible. Ustedes eligieron la falsedad en lugar de la verdad, la violencia en vez de la paz, y el odio en lugar del amor. Ahora, enfrentarán las consecuencias de su desobediencia. La separación de Dios será cuestión de ubicación y del estado del alma. Se encontrarán separados de todo lo bueno y puro. Es un destino triste que he querido evitar por siglos, pero el tiempo de misericordia se acaba.

Quiero que entiendan que mi regreso está más cerca de lo que piensan. Ahora vengo a ofrecerte una vez más la oportunidad de elegir y decidir qué camino deseas tomar. La puerta está abierta, pero se cerrará en el momento adecuado. Entonces, quienes han rechazado la gracia no tendrán más opciones.

Es tiempo de arrepentirse y pedir perdón por sus pecados. Pero cuando regrese, ya no habrá tiempo. Ustedes, los que aún viven y respiran, tienen la oportunidad de cambiar y aprovecharla. Vengan a mí, acepten mi perdón y sigan mi ejemplo. Muchos han fallecido en pecado mortal. No tuvieron tiempo de arrepentirse. Así vivirán en la oscuridad para siempre. No sigan sus pasos. Mi Padre y yo los esperamos con los brazos abiertos.

El Reino de los Cielos no es solo una promesa para el futuro; es una realidad que comienza ahora en tu corazón. Si crees en mí, me aceptas como tu Salvador y vives como te enseñé, entonces el Reino de Dios está dentro de ti ahora. La paz, la justicia, el amor y la misericordia del Reino no son solo para el cielo. Debes vivirlos cada día. Tus acciones, tus palabras y tus pensamientos deben alinearse con mi voluntad. Te estoy mostrando el camino a la vida eterna.

Aquellos que aún dudan y se cuestionan si todo esto es cierto, les digo: "Yo soy el camino, la verdad y la vida. Nadie llega al Padre si no es por mí." No existe otro camino para la salvación. No hay otro lugar donde puedan encontrar paz y perdón, sino en mi presencia. Les ofrezco un futuro sin sufrimiento, dolor ni muerte. Pero solo lo alcanzarán en el futuro si se arrepienten. Acudan a mí con sinceridad y busquen la verdad con humildad.

No será un camino fácil para quienes decidan seguirme. Habrá persecución, habrá dificultades y habrá momentos de duda. Pero en esos momentos, les pido que recuerden mis palabras: siempre estaré contigo, hasta el fin. No temas, porque yo he vencido al mundo. Te daré la fuerza para enfrentar cualquier desafío. Con mi Espíritu Santo en ti, podrás resistir cualquier obstáculo que el enemigo coloque en tu camino.

¿De qué manera la familia humana puede alcanzar el cielo eterno? En primer lugar, es necesario reconocer que soy el Hijo de Dios, el Salvador del mundo y el único camino hacia el Padre. Es imposible hallar la salvación por ningún otro medio. Necesitan creer en mi sacrificio, mi muerte en la cruz y mi resurrección. Estas acciones propician la reconciliación de la humanidad con Dios. En segundo lugar, deben arrepentirse de sus pecados. El arrepentimiento es fundamental. No es posible vivir en estado de pecado y anticipar la salvación. El arrepentimiento no es lamentar tus errores. Significa también cambiar tu corazón y tus acciones. Es imprescindible desprenderse del pecado y aceptar la vida en Cristo.

Debes vivir tu vida con fe, esperanza y amor. Ama a Dios con todo tu corazón, con toda tu alma y con toda tu mente. Ama a tu prójimo como a ti mismo. Estas no son solo palabras agradables. Para entrar al Reino de los Cielos, no basta con invocar al Señor; también es necesario cumplir con la voluntad de mi Padre. Debes vivir en un ambiente de amor, justicia, perdón, paz y humildad.

El cielo es un lugar donde reina la paz, donde no existen lágrimas, dolor ni muerte. Es el lugar que te invito a conocer. Para llegar, debes seguirme y vivir como yo lo hice. Debes seguir mis enseñanzas y vivir mi ejemplo de amor. No es fácil porque el camino al cielo es angosto, pero es el único camino verdadero. Aquellos que eligen el camino ancho, el camino del pecado y la negación de la verdad, no entrarán en mi Reino.

El cielo pertenece a quienes persisten en su fe. Es para aquellos que, a pesar de caer, se levantan y siguen amando, incluso cuando el mundo les da la espalda. Ese es el camino a la vida perpetua. No se trata de una senda sencilla, pero es la única que conduce a la verdadera paz. Y cuando llegues a ese lugar, verás la presencia de mi Padre y contemplarás la gloria del cielo. Comprenderás que todo lo que pasaste aquí en la tierra valió la pena. En ese momento, el sufrimiento, la tristeza y la persecución desaparecerán de inmediato. Vivirás para siempre en la paz y la luz de Dios.

Por lo tanto, les exhorto a no perder la esperanza. Si están cansados, vengan a mí y encontrarán descanso. Si se hallan en un estado de desorientación, no duden en venir a mi presencia y encontrarán el camino. Si experimentan sensaciones de soledad, sepan que nunca están solos. Yo soy su pastor y ustedes son mis ovejas. Los guiaré hacia aguas serenas, los alimentaré con mi Palabra y los protegeré con mi amor. Mi regreso cumplirá las promesas que hice. Pero, mi mayor deseo es que todos sean parte del Reino de mi Padre.

Este tiempo representa el período de la salvación, el período de la gracia. No esperen más. Vengan a mí, todos los que están cansados y agobiados, y yo les daré descanso. Mi retorno será glorioso. Les ofrezco la vida; les ofrezco mi amor; les ofrezco mi paz. Todo lo que tienen que hacer es aceptarlo. Les prometo que quienes lo hagan tendrán una cálida bienvenida en mi Reino. Allí vivirán para siempre con mi Padre en el cielo. El castigo que se aproximará será significativo porque mi amor es inmenso y también lo es mi paciencia. He esperado siglos. He abierto puertas en los corazones. También he dado a los hombres la libertad de elegir. Y ahora, cuando el tiempo apremia, cuando el mundo se ha oscurecido, el juicio vendrá. No habrá más oportunidades para quienes han vivido en rebelión, pecado e incredulidad. Los pecados no pueden durar para siempre. Cuando regrese, veré el sufrimiento de quienes se alejaron de la luz. Habrá cataclismos y terremotos. Los cielos llorarán por las almas que se han perdido. Las naciones enfrentarán un declive. La humanidad se dará cuenta de que los días de gracia han terminado. La justicia que vendrá será como una espada que corta todo mal. Pero que no teman quienes me siguen. Quienes creen en mi nombre y en el nombre de mi Padre, serán liberados de la oscuridad. No habrá más sufrimiento para los justos. La perpetuidad de la vida será su retribución.

Yo les advierto: el tiempo se está agotando. He hablado a través de profetas. He dado señales en los cielos y en la tierra, pero muchos han cerrado sus oídos y endurecido su corazón. No se engañen pensando que habrá más tiempo, porque el día se acerca como ladrón en la noche. Lo que les enseñé en Israel permanece: arrepiéntanse, amen a su prójimo, busquen primero el Reino de mi Padre. No permitan que el ruido de este mundo los distraiga de la voz que clama por su salvación.

No desatiendan esta advertencia: pronto la luz se apartará de aquellos que optaron por las tinieblas. El que se aferre a su pecado será consumido por él; sin embargo, el que se humille y me busque hallará misericordia. Yo regresaré, y traeré conmigo recompensa para cada uno según sus obras. Prepárense, porque el día de mi retorno está más cerca de lo que imaginan. El que tenga oídos, que oiga; el que tenga corazón, que despierte, porque la hora de la decisión es ahora.

Mi Padre me envía con poder. Su misión es instaurar justicia, eliminar la maldad y dar vida eterna a quienes creen en mí. Sin embargo, veo a quienes han ignorado mi voz. Por ellos lloro. Cuando regrese, no habrá lugar para arrepentimientos. Les digo: este es el último llamado. Hoy es el momento de decidir. Es hora de volver atrás. Cuando los cielos se abran y me vean llegar con gloria, será demasiado tarde.

CAPÍTULO 13

EL CUMPLIMIENTO
DE LAS PROMESAS
Y LA JUSTICIA
DE DIOS

---·· • ··---

Mi regreso será un acto de amor y justicia. Algunos creen que volveré como un rey glorioso, lleno de poder y majestad. No están tan equivocados. Antes de alcanzar ese momento de gloria, la humanidad enfrentará un período de pruebas. El mal, que ha reinado durante tanto tiempo, será confrontado de manera definitiva. La justicia de mi Padre no permitirá que la corrupción, la violencia y el sufrimiento continúen. El firmamento y la tierra temblarán, porque el juicio de Dios será ineludible. No obstante, en el transcurso de este juicio, todavía habrá espacio para la misericordia. Mientras haya vida, habrá esperanza. Mi Padre siempre ha esperado que su pueblo se arrepienta y regrese a Él. Como su Hijo, vengo a ser el intermediario entre ustedes y Él, el puente que los conduce de regreso a la vida eterna.

Para quienes han buscado la justicia de Dios, mi segunda venida será el momento que han esperado. Todos los que han sufrido el mal y los oprimidos por la injusticia serán consolados. Su sufrimiento no ha sido en vano. He visto las lágrimas de aquellos que sufren en silencio. Muchos han sido despreciados y perseguidos por su fe y por mi nombre. Ellos recibirán la recompensa de su fidelidad. Mi Padre lo ve todo y ha prometido que no dejará a sus hijos abandonados. No hay duda. Quiero que entiendan que aquellos que han disfrutado de la maldad han ignorado mi llamado. Prefieren la riqueza en vez del amor y la justicia. Ellos enfrentarán un destino desolador. No puedo hacer más por quienes siguen el camino del pecado.

Mi amor no tiene límites. Sin embargo, comprendo que la verdadera libertad que mi Padre le entregó no puede imponerse a la fuerza. Solo cobra sentido cuando nace de tu decisión sincera. El castigo no es algo que deseo, sino algo que vendrá como consecuencia natural de tus decisiones. La desobediencia a la voluntad de Dios siempre traerá consecuencias. El pecado no puede entrar en el Reino de los Cielos, porque allí todo es puro y sagrado. A mi regreso, distinguiré a los justos de los injustos. Los justos irán al Reino de los Cielos. Pero los injustos, los que siguen por caminos erróneos, serán alejados de la presencia de Dios. El sufrimiento será su único destino, porque han elegido no arrepentirse, rechazar mi misericordia y alejarse de la luz. Incluso en esta tristeza, quiero darte una última oportunidad. Si escuchas mi voz y te arrepientes, aún puedes salvarte. Pero este es el momento de la decisión. Quienes me rechazan hoy no tendrán la oportunidad de volver a elegir en el futuro. Este es el momento de la verdad; debes decidir de qué lado estás: de la luz o de la oscuridad.

El camino al cielo eterno y la salvación

Cuando hablo del cielo eterno, me refiero a un lugar único. No hay nada en la Tierra que lo compare. El Reino de Dios se distingue de los reinos establecidos por los seres humanos en la Tierra. No es una tierra de riqueza ni de poder, sino de paz y amor. Aquí reina la paz. Cuando vengas a mí, te quitaré todo lo que te causa dolor. No habrá más llanto, sufrimiento, hambre ni muerte. Todo eso quedará atrás porque todo será perfecto en mi Reino.

El Reino perpetuo no es solo algo que se vive al morir. Es una práctica que debes comenzar a experimentar ahora. Como le he expresado anteriormente, el Reino de Dios vive en ti. Al decidir seguirme y vivir en conformidad con mi Palabra, el Reino de Dios se revela en tu corazón. No existe lugar para el egocentrismo, el rechazo, la violencia ni el resentimiento. En el Reino de Dios, todo está impregnado de amor, humildad, paz y compasión.

Quienes siguen mi camino y mis enseñanzas, y que aman a su prójimo como a sí mismos, entrarán en el Reino Celestial. No importa cuán grandes hayan sido sus pecados en el pasado. Es esencial que se arrepientan y regresen a mí. Si lo hacen con sinceridad, recibirán perdón, ya que fui enviado con el propósito de salvar, no para condenar. El arrepentimiento no se trata de palabras perfectas ni de parecer un santo. Es un cambio de corazón real, complejo y honesto. Significa dejar atrás lo que te separa de mí, incluso si ha sido parte de ti por mucho tiempo. No basta con decir: "Yo creo". Busco más que solo palabras vacías. Quiero ver esa creencia en tus decisiones. Quiero que se note en cómo tratas a los demás. Muestra misericordia, paciencia y amor, sobre todo en los momentos difíciles. El amor que debes mostrar no es solo hacia quienes te aman, sino también hacia quienes te odian, te persiguen y te hacen daño. No pido perfección. Pido sinceridad. Que tu corazón esté dispuesto a cambiar.

No es suficiente con expresar tus creencias en mí. Deseo ver cómo creces, cómo amas y cómo te relacionas con las personas que te rodean. Esto incluye tanto a quienes amas fácilmente como a aquellos que son más complicados. No vine para recolectar palabras; vine a cambiar corazones. El destino de los que se arrepienten y de los que no.

Si persistes en el pecado, ignorando la voz que te llama, el camino que recorres solo te distanciará más de mí. No se trata de ira ni venganza, sino de la verdad absoluta. Te ofrecí una salida, un camino a casa, pero no te obligaré a tomarlo. Si te niegas a cambiar y no aceptas la verdad que te he mostrado, estás eligiendo una vida lejos de Dios. Eso es la separación — no un castigo severo, sino la distancia silenciosa y dolorosa de un alma que seguía diciendo que no. Aunque estuviste en esa distancia, todavía tienes tiempo para volver.

La oportunidad de arrepentirte está disponible ahora. Aún hay tiempo en esta vida y puedes oír mi voz. No obstante, una vez que llegues al final de tu existencia, no habrá más oportunidades. Por lo tanto, te insto a que busques mi perdón mientras aún puedas y regreses a mí con todo tu corazón y todo tu ser. No permitas que el miedo, la vergüenza o el orgullo te impidan acercarte a mí. Te espero con los brazos abiertos. Mi amor por ti no tiene límites. No obstante, dicha invitación solo estará disponible por un breve período. Regresaré pronto, y cuando eso ocurra, no habrá tiempo para lamentarse. Aprovecha ahora la oportunidad de entrar al Reino de los Cielos, vivir en la luz y andar en la verdad. Yo soy la puerta; solo a través de mí puedes entrar al cielo. Decídete a seguirme hoy y será una decisión que cambiará tu vida para siempre.

CAPÍTULO 14

EL APOCALIPSIS Y EL CUMPLIMIENTO DE LAS PROFECÍAS

M e llamo Jesús de Nazaret. A continuación, les contaré lo que se avecina: las profecías que compartí con mis discípulos y las que se encuentran en el libro de Apocalipsis. El Apocalipsis comparte un mensaje revelador. Muestra lo que acontecerá al final de los tiempos. Les aseguro que las palabras de mi Padre tienen importancia. Él cumplirá todo lo que ha dicho. Conforme a lo expresado anteriormente, todo en la Tierra y en el cielo pasará, pero mis palabras no pasarán.

He venido a ustedes con un mensaje de salvación, de misericordia, pero también con una advertencia. Como saben, el mundo llegará a su fin. Pero el fin no será solo destrucción, sino transformación. El plan divino de mi Padre comenzó con la creación del mundo y culminará como se predijo. La humanidad, por su libre albedrío, ha decidido alejarse de la luz y enfrentará el juicio divino. Sin embargo, la humanidad también tiene la oportunidad de regresar al Padre si se arrepiente a tiempo.

Mis discípulos me preguntaron sobre el fin de los tiempos y les di señales claras. Lo que comparto hoy no es solo para quienes vivieron en mi época, sino para todos los que vivirán hasta el final. No hay certeza sobre cuándo ocurrirá el fin. Sin embargo, sucederá tal como lo indican las Sagradas Escrituras.

Mi Padre no condena a nadie. Cada persona determina su destino mediante las decisiones que toma. No esperen a que el último momento les sorprenda, porque ninguno sabe el día ni la hora en que abandonará este mundo. Todo en este mundo es temporal. Sin embargo, lo que viene después es eterno. Hay un cielo para quienes eligen la verdad y el amor.

Las señales del fin de los tiempos

El Apocalipsis nos habla de las señales que ocurrirán al final del mundo. Nos advierte de conflictos y rumores. También habla de hambrunas, plagas y desastres naturales. Estas señales nos presentan el inicio, pero no deben desesperarse. Cada acontecimiento nos recuerda que el tiempo se acaba y que el Reino de mi Padre se aproxima.

Cuando todas estas profecías sucedan, alcen la cabeza, pues la redención está por llegar. El mundo se verá sumido en una época de gran tribulación, pero no se preocupen si han sido fieles a mi Padre. He vencido al mundo y mi victoria es la suya si permanecen firmes en su fe. Aunque el mal crezca en la Tierra y el amor de muchos se enfríe, ustedes, mis fieles seguidores, no deben temer. Es en estos tiempos sombríos donde mi luz brillará con mayor intensidad. Los perseguidores atacarán a los justos, pero quienes persistan hallarán salvación para sus almas.

El Anticristo, caracterizado por su maldad, se aproximará con promesas de paz. Sin embargo, en su corazón solo prevalece la devastación. Será capaz de engañar a las naciones y numerosas personas seguirán su voz. Se producirán señales y prodigios. El mundo se postrará ante él. Pero aquellos que son de mi Padre y son fieles a Su Palabra no se perderán a sí mismos.

La Gran Tribulación

La Gran Tribulación será un tiempo de gran angustia. Nadie ha experimentado ni verá jamás un padecimiento de tal magnitud. Pero antes de que llegue ese día, llamaré a muchos a seguirme y arrepentirse. Les concederé la oportunidad de abandonar esa penumbra y retornar al Padre si se arrepienten de sus pecados.

A pesar de la oscuridad del mundo, mi luz brillará para quienes persiguen la verdad. No obstante, numerosas personas experimentarán un endurecimiento en su corazón. La maldad de los hombres será evidente y la fe en mi Padre se desvanecerá en gran parte del mundo. El mal se multiplicará, pero quienes permanezcan fieles serán quienes darán testimonio de mi nombre. No teman, porque estaré con ustedes hasta el final. Mi Espíritu Santo los guiará, los consolará y los protegerá.

La llegada del juicio final

El Juicio Final será el momento del descubrimiento de la verdad. No existirán justificaciones ni engaños. El juicio de cada persona dependerá de sus acciones, palabras y lo que hizo y lo que dejó de hacer. Te juzgarán por el amor que demostraste, la misericordia que mostraste y la fe que profesaste. Además, cómo trataste a tu prójimo, especialmente a los más necesitados.

El juicio será severo para quienes no se han arrepentido. También para quienes han vivido en pecado y han rechazado la misericordia. Enfrentarán la separación eterna de Dios. No es un castigo que quiero. Es solo una consecuencia de su elección. El pecado y la maldad los alejan de mi Padre y los separan de Él para siempre. El destino de quienes rechazan la salvación es el fuego eterno. La salvación es una decisión que cada uno debe tomar. No es forzada ni impuesta, es por elección. Para aquellos que han seguido mi camino, el juicio será diferente. No es un juicio de condenación, sino de recompensa. Aquellos que son fieles, aman, perdonan y creen en mi sacrificio entrarán en el Reino de mi Padre. Recibirán vida eterna, paz y alegría sin fin.

La caída de Babilonia

Babilonia representa a las naciones que han desobedecido a Dios. Estas naciones se han dejado llevar por la avaricia, la inmoralidad y la opresión. Babilonia simboliza la corrupción global y su caída es inevitable. Así como la antigua Babilonia fue destruida, también lo será el sistema corrupto de este mundo. Sin embargo, para quienes se han mantenido firmes en mi Palabra, habrá libertad, justicia y paz. No teman cuando vean caer naciones y gobiernos corruptos. Mi Reino no es de este mundo ni se basa en la riqueza, el poder ni la opresión. Mi Reino se basa en la justicia, el amor, la paz y la verdad. Cuando Babilonia caiga, el cielo se alegrará. La justicia habrá triunfado.

El nuevo cielo y la nueva tierra

Después del Juicio y la Caída de Babilonia, habrá un nuevo cielo y una nueva tierra. La vieja creación desaparecerá y todo será restaurado. No habrá más muerte, ni más tristeza, ni más llanto. Todo se renovará en la perfección de mi Padre. En este nuevo cielo, no habrá maldad ni pecado. Seremos una nación santa, un pueblo santo reunido en la presencia de Dios, viviendo en paz y armonía para siempre. Esta es la promesa de esperanza que les traigo. Aunque el fin será un tiempo de pruebas, la restauración que vendrá será mucho más gloriosa. Las puertas del cielo estarán abiertas para todos los que han creído y perseverado en la fe. La nueva Jerusalén descenderá del cielo y, con ella, el Reino de Dios. Será un lugar de eterna felicidad donde ya no habrá dolor ni sufrimiento.

La promesa de mi regreso

Este es el mensaje que les dejo hoy. El Apocalipsis no es solo un libro de terror o juicio, sino que representa un mensaje de esperanza. Nos recuerda que el mal no prevalecerá para siempre y que la justicia de Dios llegará pronto. Aunque muchos sufren y el mundo parece perdido, vengo pronto a restaurarlo todo. Vengo a traer la justicia que tanto han esperado. Vengo a reunir a mi rebaño. Vengo para que vivan con mi Padre celestial para siempre.

Por esta razón, les transmito este mensaje de alerta: arrepiéntanse. Busquen mi rostro y sigan mi camino. Ya estoy llegando y será demasiado tarde para arrepentirse cuando llegue. La oportunidad está presente, en el instante actual. Aprovechen este momento de gracia porque el fin está cerca y mi regreso está cerca. Será como un ladrón en la noche. Prepárense, los bienaventurados son los que están preparados para recibir al Señor. Este es el fin de la revelación. Mi regreso será glorioso y todo lo escrito en el Apocalipsis se cumplirá. Por lo tanto, no teman. Mi paz está con ustedes y mi amor los guiará hasta el final.

CAPÍTULO 15

LAS SEÑALES DEL FIN DE LOS TIEMPOS

En este momento, no expreso ira, sino tristeza. No hablo para condenar, sino para llamar. Ofrezco estas palabras de mi corazón al tuyo, porque el tiempo se aproxima y aún muchos duermen. Mi voz, una vez oída en el viento, en el susurro de la conciencia, ahora clama con más fuerza. Los días se oscurecen y mi pueblo se aleja de mí más que nunca. Mi retorno será una sorpresa inesperada. Muchas personas no lo esperarán y, aún menos, estarán preparadas. Este regreso no será una visita ocasional, como lo fue mi primera venida cuando nací en aquel pesebre. Este retorno no acontecerá en silencio ni en discreción. Será el momento de la verdad. El Cielo y la Tierra se unirán y la humanidad será responsable de sus actos.

Habrá guerras y también rumores de guerras. Hijo mío, te comunico esto con el fin de prepararte. Se generará inquietud en el mundo. Los reinos se enfrentarán y el miedo se apoderará de muchos. Oirás hablar de guerras desde lejos y verás la sombra de la violencia incluso cerca de tu propia puerta. Pero mantén la calma. Estos acontecimientos deben suceder antes del fin. Créeme, aún me encuentro en el trono.

Falsas voces engañarán a muchos. Habrá quienes digan hablar por mí, sin poseer conocimientos sobre mí. Distorsionarán mis palabras, prometiendo facilidad, poder y consuelo sin la cruz. Mantente alerta. La verdad no siempre se manifiesta de manera verbal, pero siempre es mía. Mantente cerca de mi palabra. Conoce mi voz. Cuando caminas conmigo, ninguna mentira podrá detenerte.

El amor se enfriará y esto me hiere profundamente. El fuego de la compasión se apagará en numerosos corazones. La gente se preocupará más por el bien personal que por el de los demás. Incluso entre quienes una vez me siguieron, surgirá la amargura y la división. Tú no los sigas. Deja que tu corazón arda de amor. Tú seguirás recordando cómo te amé, incluso cuando el mundo lo haya olvidado. Amé con sacrificio y sin vacilar.

Te enfrentarás al odio por mi culpa. Serás incomprendido, burlado, incluso perseguido, no por hacer el mal, sino por llevar mi nombre. Es duro, lo sé. Pero recuerda, me odiaron primero. No pagues odio con odio. Bendice a quienes te maldicen. Nunca te pareces más a mí que cuando amas a tus enemigos.

La misma creación clamará. Está previsto que se manifestarán señales en los cielos. Habrá visiones extrañas, ruidos en la tierra y rugidos en los mares. La tierra gime, esperando el día en que yo haga nuevas todas las cosas. No teman estas señales; dejen que les recuerden que la redención está cerca. Lo que se siente como temblor son solo los dolores de parto de un mundo renacido.

Muchos se alejarán. Y eso me rompe el corazón. Algunos se alejarán. No será porque yo les haya fallado, sino porque el costo de seguirme les parecerá demasiado alto. No obstante, permanezco presente, incluso para el que vaga. Si ese es tu caso, regresa. Aún hay misericordia. No rechazo a quienes regresan a mí con el corazón abierto.

El Evangelio será transmitido a todas las naciones. Ninguna tribu, ninguna lengua ni ningún grupo de personas pasará inadvertido. Mi mensaje llegará hasta los confines de la tierra. Me daré a conocer a través de los misioneros, apóstoles, visionarios, sueños y visiones. No regresaré hasta que todos los oídos hayan escuchado, porque no deseo que nadie perezca.

El temor llenará los corazones de muchos. El peso del mundo se sentirá insoportable. Los corazones de los hombres desfallecerán por el terror. Pero en ese momento, eleva la vista. Te lo advertí, alza la cabeza cuando estas cosas comiencen a suceder. Yo regresaré. No soy lento. Soy misericordioso. Pero no tardaré para siempre. Sé fuerte y valiente.

Los días serán como los de Noé. La gente comerá, beberá, se casará y vivirá como si nada fuera a cambiar jamás. Pero llegó el diluvio. No estoy afirmando que no vivas, estoy diciendo que vivas despierto. Mantente alerta. No permitas que la comodidad o la rutina te adormezcan. La puerta del arca aún permanece abierta, pero no lo estará para siempre.

El mundo experimentará un profundo dolor. Tribulaciones como nunca antes. Sin embargo, les comunico esto para que encuentren paz en mí. Ya he vencido al mundo. No estarán perdidos si permanecen en mí y se aferran a mis palabras. El mal surgirá. La oscuridad se extenderá. La anarquía se multiplicará y muchos corazones se enfriarán. El amor será escaso. Pero ustedes, mis fieles, deben brillar con mayor intensidad. Mi luz en ustedes será un faro en el caos.

Los que perseveren hasta el final se salvarán. No los más fuertes. No los más ruidosos. No los más perfectos, solo aquellos que persistan en acompañarme a pesar de los desafíos. A pesar de la penumbra, nunca te abandonaré. Toma mi mano. Da un paso tras otro. Si perseveras, verás mi gloria. Y enjugaré todas las lágrimas de tus ojos.

Cuando mi padre los envió a este mundo, no fue para buscar riquezas ni construir imperios de arena. No tenía la intención de enfrentar a mis hermanos ni usar mi nombre para orgullo, control o derramamiento de sangre.

Fuiste enviado a este mundo para amar. Debes brillar como una lámpara en la oscuridad. Camina con humildad a mi lado y el de mi Padre. Sin embargo, lo que ahora observo me causa un profundo dolor en el corazón. Has decidido distanciarte de nosotros. Ustedes, humanos, creación de mi Padre, han llenado sus corazones de ruido y distracción. Persiguen promesas vacías en un mundo que lo ofrece todo, pero no entrega nada. Buscan el placer y olvidan la paz. Anhelan el poder y olvidan su propósito. Glorifican el yo y olvidan el alma. Observo, momento a momento, cómo lo sagrado se transforma en profano y lo santo enfrenta la burla.

Veo iglesias llenas de cuerpos, pero corazones lejos de mí. Veo manos alzadas en adoración el domingo y usadas para violencia, corrupción y engaño el lunes. Escucho oraciones, pero también escucho maldiciones. Oigo clamores de justicia, pero pocos hablan por los que no tienen voz. Observo cómo mi cruz se convierte en símbolo de cultura, no de rendición. Reclamas mi nombre, pero no mi camino. Llevas cruces en el cuello, pero no en la espalda.

Vine una vez, hace más de dos mil años, nací en un pesebre, humilde, sin que los reyes me vieran, anunciado por ángeles y pastores. Caminé entre ustedes. Sané a sus enfermos, toqué a sus leprosos, lloré con los afligidos y alimenté a los hambrientos. No vine a gobernar, sino a servir. No vine a aplastar a Roma, sino a romper las cadenas del pecado.

Permití que te burlaras de mí. Dejé que me azotaras, que me traspasaras con una espada. Lo soporté todo debido a mi profundo amor hacia ti. Y aun ahora, te amo. Pero el amor no ignora la verdad. Y la verdad es que muchos de ustedes ya no me conocen, ni me quieren conocer. Saben de religión. Saben de sermones. Saben de teología y rituales. Pero no conocen mi corazón. Mi voz les es extraña, aunque les hable. Mi Espíritu llama, pero el orgullo, el miedo y la distracción cierran la puerta.

Has olvidado el motivo inicial por el cual fuiste enviado aquí. Fuiste creado para la eternidad. Tu propósito es caminar con tu Creador, no para buscar alegrías, simpatías o aplausos que son solo temporales. Mi Padre te creó para ser santo y feliz. Fuiste enviado para conocerme. Sin embargo, muchos de ustedes lo saben todo: modas, fama, noticias y ganancias. Pero no conocen a Aquel que te formó en el vientre de tu madre.

Se han sumergido en el pecado. Ya no se hunden en él, sino que se lanzan de cabeza. Lo que anteriormente era vergüenza, ahora trae aplausos. Lo que antes permanecía oculto en la oscuridad, ahora brilla a la luz del día. Tú asesinas al inocente en nombre de la justicia. Tú te burlas del santo pacto en nombre de la libertad. Tú tergiversas mi palabra para satisfacer tus deseos. Tú llamas malo al bien y bueno al mal.

Muchos de ustedes seguirán a la bestia. Surgirá un líder influyente, un sistema, un espíritu que exige adoración y lealtad. Muchos se doblegarán ante él, incluso algunos que alguna vez se consideraron míos. Este llamado consiste en integrarse y mantener la fe inquebrantable. Los sellé con el sello de mi Espíritu, no con la marca de la bestia. Estén alerta. La diferencia puede parecer pequeña, pero el costo es eterno.

Permanezco en espera. Espero que el hijo pródigo regrese a casa. Que el ladrón me mire en la cruz. Deseo que la mujer junto al pozo regrese al agua viva. Mi misericordia sigue aquí, fluyendo como un río. Mi gracia aún es suficiente para el peor de los pecadores.

No deseo la muerte de ninguna persona. Anhelo el arrepentimiento, la humildad y el retorno de quienes eligieron el camino equivocado. El tiempo se acorta. Las señales están todas a su alrededor. Y también hay rumores de guerras y conflictos. Las naciones se alzan contra naciones. La creación gime por sismos, inundaciones e incendios. El amor de muchas personas y el respeto hacia otros se han enfriado. La verdad se ha convertido en una cuestión de opinión.

Hasta la tierra tiene conocimiento de que el fin se acerca. Estas no son amenazas, son advertencias. Clamo como un pastor que observa a los lobos rondando el rebaño. Llamo a mis ovejas. Les exhorto a volver al rebaño, a abrir los oídos y a fortalecer lo que queda antes de que sea tarde.

El final no es solo un momento repentino, sino un despertar donde todo será revelado. Cada alma quedará en su lugar y cada obra será evaluada con exactitud. Yo no busco la destrucción, porque mi deseo siempre ha sido dar vida. No permitiré que la justicia sea pisoteada ni que el mal se burle de lo sagrado. La justicia prevalecerá, porque en ella se encuentra la voluntad eterna de mi Padre.

A todos los que todavía escuchan mi voz, a los que me buscan en lo profundo de su corazón y sienten palpitar su espíritu cuando mi Palabra los toca, yo los contemplo con amor y ternura. No están olvidados: los amo profundamente. Permanezcan firmes, no se rindan. No permitan que el cansancio les arrebate la esperanza. No dejen que la penumbra que envuelve al mundo apague la luz que habita dentro de ustedes. Aférrense a mí, porque yo soy su fuerza y su victoria.

Volveré pronto y traeré mi recompensa. Enjugaré las lágrimas, sanaré los corazones rotos y restauraré lo que perdieron. Pero también juzgaré a los que me han desafiado. Mi corazón se encuentra desconcertado, no por ira, sino por una profunda tristeza. Observo cómo este mundo se ha apartado de mí, como si nunca hubiera estado entre ustedes, y eso hiere mi espíritu. Sin embargo, aunque muchos me han olvidado, yo jamás lo olvido. Conozco cada rostro, conservo cada nombre. Escucho cada clamor que surge en soledad, incluso aquellos que nadie más oye. No hay nada que se desvanezca ante mí, dado que cada alma posee un valor perpetuo en mi corazón.

No olvidaré sus palabras. Todo lo que he dicho se cumplirá. El fin no será para todos, sino un nuevo comienzo para quienes me acompañen hasta el final. Por lo tanto, les hablo desde mi corazón, no con palabras altivas ni misterios ocultos, sino con franqueza. La cosecha está lista. Las señales están aquí. No tarden. Vuelvan a mí. Dejen atrás sus ídolos. Desechen su orgullo. Vengan a mí mientras aún hay tiempo.

He escrito este texto para que estén informados y sepan que todo lo acordado se cumplirá. La palabra de mi Padre es sagrada. Mis manos, mis pies y mi costado aún tienen cicatrices.

Mi voz continúa llamando. Mi Espíritu aún se mueve. Mi amor hacia ustedes es grande y espero su cambio, conversión y amor. Las trompetas sonarán pronto. Y ese día, ustedes experimentarán alegría o arrepentimiento.

CAPÍTULO 16

LA IMPORTANCIA DE LA ORACIÓN Y EL PROPÓSITO DE LA VIDA

* —— • • ● • • —— •

Hoy quiero hablar sobre un tema importante que a menudo se ignora o se malinterpreta: la oración y el propósito de la vida. Desde el comienzo, cuando mi Padre creó los cielos y la tierra, tenía un propósito para cada ser humano. Sin embargo, muchos no lo encuentran o incluso viven sin saber por qué y para qué fueron creados. No fueron creados al azar, sino con un propósito divino entrelazado con la voluntad de Dios.

Un vínculo con el Padre Celestial

La oración es el puente entre el cielo y la tierra. Es la manera en que tu alma se conecta con el Espíritu de Dios. Muchos me han preguntado: "¿Para qué orar si Dios ya sabe lo que necesitamos?". La respuesta es sencilla: orar no es solo para que Dios conozca nuestros deseos o necesidades. Para conocer su voluntad, debemos acercarnos a Él con humildad, confianza y fe. La oración es un acto de entrega. Es un momento en el que buscamos la guía de nuestro Creador, reconociendo nuestra dependencia de Él.

Orar no es solo pedir, sino también escuchar. Es diálogo. Así como mi Padre habló a los profetas de tiempos pasados, también habla al corazón de quienes se acercan a Él con sinceridad. En la oración, se puede encontrar consuelo, fuerza, dirección y, sobre todo, paz. La vida aquí en la Tierra era una comunión constante con mi Padre. Rezaba por la mañana, por la noche y en momentos difíciles. Al orar, uno se alinea con la voluntad divina y su corazón se transforma. A través de la oración, comprendemos mejor el propósito de nuestras vidas.

El propósito de la vida: No estamos aquí por casualidad

A continuación, deseo hablarles del propósito de la vida. Un concepto que numerosos individuos en este mundo persiguen sin encontrarlo. Les aseguro que han sido creados con un propósito único y maravilloso. La razón por la que estamos en este mundo no es un accidente ni una simple coincidencia. Mi Padre no hace nada sin un propósito. No están aquí simplemente para vivir y morir. Cada existencia posee un propósito eterno. Las dificultades, las distracciones y las preocupaciones mundanas pueden opacar dicho objetivo. Los desafíos y las pruebas los hacen preguntarse: ¿Cuál es el motivo de mi presencia en este lugar? ¿Cuál es la tarea que debo llevar a cabo?

Desde el momento de mi nacimiento, mi existencia se ha convertido en la realización del mandato divino. Cada acción que realizaba, cada palabra que decía, era parte de un plan mayor. No vine solo a sanar a los enfermos ni a dar lecciones de moral. Vine a cumplir una misión más profunda: restaurar la relación entre la humanidad y Dios. Mi sacrificio en la cruz, mi muerte y resurrección fueron la clave para abrir el camino de regreso a la Casa del Padre.

El propósito de cada uno de ustedes no es diferente. Su vida está destinada a glorificar a Dios, a vivir en obediencia y servicio. No todos tienen que hacer lo mismo. Algunos pueden ser llamados a ser pastores, otros a ser médicos, maestros o padres. Pero lo esencial es que todos busquen, mediante la oración y la fe, el propósito divino para sus vidas. El propósito puede no ser claro al principio. A veces, se oculta tras retos y dificultades. Sin embargo, el propósito se revela al confiar en mi Padre y andar en su voluntad.

Confusión y desencanto: ¿Por qué no todos descubren su propósito?

Existen muchas personas que viven sin entender el motivo por el cual han sido asignadas a este mundo. Es lamentable que algunas personas nunca encuentren su propósito o lo ignoren. Esto sucede debido a diversas causas. Hay personas que se hallan cautivas de las preocupaciones del mundo: el dinero, la fama, el poder, el placer. Estas son las deidades falsas que desvían la atención de lo que verdaderamente es de importancia. Algunas sienten un dolor profundo o se sienten atrapadas en su sufrimiento. Entonces, pierden la esperanza de encontrar su propósito. Sin embargo, quiero decirles claramente: nunca es tarde para descubrirlo.

El camino hacia el autodescubrimiento

Para descubrir tu propósito, necesitas un corazón abierto. La oración representa el paso inicial. En ausencia de oración y comunicación con Dios, resulta difícil escuchar la voz del Creador. Recuerda lo que les dije: "Si buscas, encontrarás; si llamas, se te abrirá". Esto no se refiere solo a orar por nuestras necesidades, sino también a orar por entendimiento y sabiduría. A través de la oración, tu vida se alinea con el propósito Divino. A través de la oración, comienzas a comprender quién eres en su plan y qué papel desempeñas en su Reino. Los invito a orar todos los días, no solo con palabras, sino también con el corazón. Algunas oraciones son simples, pero su fuerza está en la sinceridad con que se expresan.

Aquí tienes algunas oraciones para acercarte a Dios y aclarar tu vida. La oración es el medio divino por el cual los seres humanos se conectan con Dios, el Creador del universo. Mientras estuve en la Tierra, enseñé a mis discípulos y a quienes me escuchaban sobre la importancia de la oración. Sabía que, por medio de ella, los corazones se acercan a mi Padre. Así, reciben la guía, el consuelo y la fortaleza que solo Él puede ofrecer. La oración no es solo una práctica religiosa. Es una conexión profunda y personal con el Padre Celestial. A través de la oración, dialogamos con Él. También expresamos nuestras necesidades y agradecemos sus bendiciones. Así, alineamos nuestra voluntad con la suya.

La oración trasciende la mera práctica de la religión. Es el método mediante el cual establecemos conexión con el corazón de Dios. Y, a través de Él, descubrimos el propósito para el cual fuimos creados. Recuerda que, aunque a veces no comprendas todo, Dios tiene un plan perfecto para cada uno de ustedes. A través de la oración, podrás conocer su voluntad y caminar hacia el propósito eterno que Él ha preparado para ti. No pierdas la esperanza; Él te guiará hacia la vida que Él ha planeado para ti.

El cielo escucha tu voz

La oración es un medio de comunicación directa con mi Padre. Es un espacio donde podemos hablar con Dios desde lo más profundo de nuestro ser. En la serenidad de la tranquilidad del bosque, en la serenidad de la noche. Cuando estaba en la tierra, iba a las colinas. En la calma de la noche, abría mi corazón a mi Padre cuando me sentía preocupado. No se trata de palabras perfectas ni rituales. Se trata de ser auténtico y honesto. Acudí a Él con esperanzas, dolor y preguntas. En esos momentos, no era solo el Hijo de Dios; era un hijo que necesitaba a su Padre.

La oración ofrece un espacio donde nada permanecerá oculto y te permite comunicarte con mi Padre. Abrimos un canal de comunicación directa entre nosotros y el Creador. Cuando ores, sé sincero, no hipócrita. No finjas creer lo que no sientes para llamar la atención. Cuando ores, entra en tu habitación, cierra la puerta y ora a mi Padre, que está en secreto. Mi Padre te ve, incluso en los lugares tranquilos donde nadie más te ve. Él te entenderá y te recompensará si lo haces con profunda fe. La oración no se trata de impresionar a los demás. Es un momento sagrado e íntimo para ti y el Padre, de corazón a corazón, donde nadie más necesita verte ni aplaudirte.

Cuando oras, se abre un canal directo entre las personas y el Creador. Esto me llevó a enseñar a mis discípulos a orar. Les dije: "Cuando ores, no seas como los hipócritas." Ellos aman orar en pie en las sinagogas y en las esquinas, solo para ser vistos por los demás." "Sin embargo, les aseguro que ya han recibido su recompensa". "Cuando tú ores, ve a tu aposento". Cierra la puerta y ora a tu Padre en secreto. "Tu Padre, que ve lo secreto, te recompensará en público". La oración no es un acto para ser admirado por otros, sino un acto íntimo entre tú y Dios.

La oración como forma de alinear nuestra voluntad con la de Dios

En el mundo actual, los seres humanos a menudo se sienten perdidos y confundidos. Muchos desconocen su propósito y qué camino tomar. No obstante, a través de la oración, encontrarán paz al escuchar a Dios y comprender su voluntad. Cuando estuve en la Tierra, enseñé a mis discípulos y a todos aquellos que se acercaron a mí orar: "Que venga el Reino de mi Padre". "Que se haga su voluntad en la tierra, como en el cielo".

Invité a todos a pedir a mi Padre que guíe sus pasos hacia Su Reino. Así, en la tierra, puede florecer la plenitud y armonía que hay en el cielo. Estas no eran solo palabras; eran rendición. Comprendí lo que era renunciar a mis deseos, aun cuando el miedo me atormentaba. Confié en que la voluntad de mi Padre era más fuerte. En Getsemaní, sentí el peso de lo que se avecinaba y, aun así, le hablé a mi Padre. Le pedí que hiciera Su voluntad y no la mía.

Deseo que comprendas que orar no se trata de convencer a Dios para que haga las cosas a tu manera. Se trata de acercarte lo suficiente a Él para que tu corazón empiece a latir al ritmo del Suyo. Al orar con un corazón abierto, solicitas asistencia y permites que Dios moldee y transforme tu vida. Él te guiará hacia la existencia que anheló para ti.

Recuerda que la oración nos enseña a someter nuestras vidas y deseos a Dios. A través de ella, pedimos su ayuda. También nos abrimos a su guía, dejando que su voluntad prevalezca sobre nuestros planes y deseos. La oración es el vehículo mediante el cual nuestra voluntad se alinea con la de Dios.

La oración como medio para fortalecer la fe

La oración también fortalece tu fe. Cuando oras, sabes quién eres y que no te encuentras solo. Te das cuenta de que existe otra persona. Es un ser divino que te escucha, te cuida y sabe lo que necesitas antes de que lo pidas.

Puedes decirle a una montaña que se mueva incluso con poca fe. Y esta obedecerá. Nada será imposible para ti. No me refiero solo a las montañas físicas. Hablo de los desafíos significativos en tu vida. Estos son el miedo, la incertidumbre, el dolor, el sufrimiento y las situaciones difíciles. Situaciones adversas que te provocan una sensación de estancamiento. La fe no se trata de saberlo todo. Esto implica depositar tu confianza en mí. Bajo la protección de Dios, incluso lo imposible puede suceder. Empieza con una pequeña acción. Hasta la semilla más pequeña de fe puede cambiarlo todo si la pones en manos de Dios.

La fe implica tener fe en mi Padre y depositar confianza en su poder para transformar tu existencia. La oración refuerza tu fe. Te ayuda a sentir la respuesta de Dios. Así, ganas más confianza en Él.

La oración como fuente de paz y consuelo

Comprendo el significado de sentirse abrumado. A veces, al enfrentar una situación tan ardua, te provoca caer de rodillas. En el Huerto de Getsemaní, experimenté ese peso. Caí al suelo y clamé a mi Padre, pidiéndole que me liberara del sufrimiento si existía otra opción. Me encontraba tan angustiado que mi sudor se convirtió en gotas de sangre.

No obstante, incluso en aquel estado de angustia, me entregué a su voluntad. No porque fuera fácil, sino porque yo confiaba en él completamente. En ese momento fue donde llegó la paz, al saber que mi Padre estaba cerca, incluso en el dolor. Cuando oras en tiempos difíciles, te liberas de tus preocupaciones. También te acercas a quien sostiene tu vida.

La oración como acto de humildad y dependencia de Dios

Al pronunciar una oración, reconoces una verdad que el mundo intenta negar: no es posible vivir en soledad. Una vez conté una parábola que trataba de dos hombres: un líder religioso y un recaudador de impuestos. El líder era orgulloso, convencido de su rectitud. Pero el recaudador de impuestos se quedó lejos. Se golpeó el pecho y susurró: "Dios, ten piedad de mí, soy pecador". Fue el humilde quien regresó a casa justificado. La oración no se trata de demostrar tu valor, sino de admitir tu necesidad. Yo oraba frecuentemente porque dependía de mi Padre. Tú deberías hacer lo mismo. La oración te recuerda que Dios es tu fuerza, tu fuente y tu guía. Sin Él, te sientes perdido; pero con Él, nunca te sentirás solo.

La oración como medio para cambiar nuestros corazones

La oración ejerce un impacto más profundo en tu entorno. Reestructura tus pensamientos y emociones. Vine a mostrarte que el Reino de Dios comienza en el corazón. Enseñé a mis discípulos que los de corazón puro verían a Dios. Pero eso no quería decir que fueran perfectos. Esto implicaba que permitieran que el Padre los purificara. Cuando oras con un corazón abierto, la amargura comienza a desvanecerse.

El resentimiento pierde su dominio y el amor puede comenzar a crecer. La ira se convierte en gracia mediante la oración y la confusión en paz. Refinas tu alma mediante la oración. Permite que Dios obre a través de tus oraciones. Experimentarás una transformación en tu corazón. Él lo purificará, lo sanará y lo preparará para su presencia.

La oración como protección espiritual

Existe un mal real en el mundo y me encontré con él en persona. Mantuve una batalla con la tentación en el desierto. Me enfrenté a los demonios y observé cómo la oscuridad distorsiona la verdad. Les enseñé a orar: "Líbranos del mal". No era simbólico, sino necesario. Cuando rezas, estás solicitando la protección Divina a tu vida. Te acoges al amparo del cielo, invocando a mi Padre para que te defienda de fuerzas invisibles. La oración se convierte en tu armadura espiritual. Te recuerda quién eres, el hijo de Dios, y quién se encuentra a tu lado en cada batalla. El mal tiembla cuando oras porque no estás luchando solo.

La oración como instrumento de acción

La oración no es solo para momentos de desesperación o dificultades. También es una forma de pedirle a Dios lo que necesitas para servirle y cumplir tu misión en la vida. La oración es esencial para la vida cristiana. A través de ella, te acercas a Dios, encuentras paz y fortaleces tu fe. Tal como enseñé a mis discípulos, la oración es una forma de expresar tu amor a Dios y alinear tu voluntad con la de Él. Puedes buscar su guía y apoyo. Al orar con fervor y dedicación, debes hacer de la oración una parte vital de tu vida diaria. Orar transforma tu mundo interior. También abre la puerta a las bendiciones y al poder divino que Dios quiere compartir contigo. Estas oraciones te acompañarán en espíritu y te brindarán consuelo y dirección. Mediante la oración, preparas tu corazón para amar, servir, perdonar y liderar. Es donde comienza la misión.

La oración como vida diaria

La oración no era algo que solo hacía en momentos de crisis. Representaba mi salvación. Frecuentemente, me encontraba con mi Padre en la cumbre de las montañas. Allí, en lugares serenos, incluso en medio del caos. Ese ritmo de oración me mantuvo firme en el amor y la verdad. Deseo lo mismo para ti. Que la oración sea el latido de tu día y no la uses solo en situaciones de emergencia. Por el contrario, mantén una conversación constante con Dios. Cuando hablas con Él a menudo, abres tu vida a Su voz, Su consuelo y Su poder. De esa manera, te mantienes conectado con lo que más importa. Así es como el cielo entra en tu rutina diaria.

Oraciones para tiempos difíciles

Cuando el dolor sea abrumador y no encuentres respuestas, recuerda que mi Padre escucha cada palabra que pronuncies. Sé lo que es estar en agonía, llorar, cuestionar y tener esperanza. Por esa razón te he dejado mis oraciones, no como rituales, sino como salvavidas. Son tu método para sostenerte cuando todo se derrumba. Estas oraciones llevarán tu corazón a la presencia de Dios. En ellas, encontrarás fortaleza para perseverar. Claridad para tu próximo paso y paz para confiar en lo que aún no puedes comprender. Nunca estarás en soledad. Él estará contigo, incluso en el silencio. No necesitas leer ni aprender oraciones complicadas. Habla con mi Padre como si hablaras con un amigo. Cuéntale lo que te pasa; él te escuchará. Pídele ayuda; nunca te dejará solo si lo haces con fe. Mi Padre y yo estamos aquí cuando nos necesites. Recuerda que mi Padre dijo que nadie irá al cielo a menos que venga a través de mí.

CAPÍTULO 17

ORACIÓN PARA DIFERENTES OCASIONES

—————— · • ● • · ——————

L as plegarias te respaldan y acompañan en distintos momentos, fortaleciendo tu fe y tu relación con Dios. No olvides que Él siempre escucha tus peticiones. Cuando reces, hazlo con gran fe y verás los resultados. La fe mueve montañas. La oración abre la puerta que te conduce a la vida eterna, hacia la presencia eterna de Dios.

Ten presente que tu propósito no se limita a estar solo en esta vida. Hay una promesa más allá de este mundo: un Reino eterno en el que habitarás en la presencia divina. Mantente firme en la fe, ora por su voluntad, y apártate del pecado. Así, heredarás el Reino de Dios. La oración facilita la entrada al cielo. Esta existencia representa nuestro verdadero propósito: permanecer en constante comunión con Dios.

No escribí estas oraciones porque tuviera todas las respuestas. Las escribí porque las necesitábamos. Jesús me guió, a veces en susurros, otras en silencio, pero siempre a través del amor. Estas afirmaciones provienen de momentos reales en mi vida: momentos de miedo, esperanza, rendición y confianza. He aprendido que hay una transformación al hablar con sinceridad y fe. Él te escucha. Si continúas manifestándolo con todo tu corazón, lo sentirás más cerca de lo que jamás habías imaginado.

La oración del corazón sincero

Padre mío, en el nombre de Jesús, te doy gracias por darme la vida y este día.
Te pido que me guíes y me ayudes a conocer el propósito para el que me creaste.
Ayúdame a vivir cada día según tu voluntad, a ser fiel y a confiar en ti.
Abre mi corazón para que escuche tu voz.
En tus manos pongo mis preocupaciones y mi vida.

Amén.

Oración de arrepentimiento

Dios, reconozco que he pecado.
Me he alejado mucho de lo que querías para mí y he cargado con cosas
que debería haber dejado hace mucho tiempo.
Estoy cansado de fingir, agotado de huir.
Te pido perdón.
No solo por mis acciones, sino también por dudar de ti.
Te ignoré y traté de vivir por mi cuenta.
Te doy lo que me queda.
Por favor, tómalo.
Cámbiame de adentro hacia afuera.
Hazme nuevo.
Quiero vivir la vida que soñaste para mí antes de respirar.
No lo merezco, pero confío en que tu misericordia es más grande
que mi fracaso.
Perdóname.

Amén.

Oración por la sabiduría y comprensión

Señor, tú eres sabio y sabes todo.
Te pido que me des sabiduría y entendimiento para poder caminar en tu
voluntad.
Ayúdame a discernir tu propósito para mi vida y a no distraerme con las
cosas del
mundo. Dame claridad y fuerza para hacer tu voluntad.

Amén.

Oración por la paz interior

Te pido que me llenes de tu paz. Calma mi mente y mi corazón, y
ayúdame a encontrar serenidad en medio de las dificultades.
Que tu paz, que sobrepasa todo entendimiento,
gobierne mi vida.

Amén.

Oración por fuerza y coraje

Señor, dame la fuerza para afrontar los retos de cada día.
Ayúdame a ser valiente y a no temer al futuro,
sabiendo que tú estás siempre conmigo.
Renueva mi espíritu para que pueda avanzar
siempre en la fe.

Amén.

Oración por sabiduría en las decisiones

Señor, cuando deba tomar decisiones,
ilumina mi mente con tu sabiduría.
Guíame por el camino correcto y dame discernimiento
para escoger lo que agrada a
tu corazón.
Que siempre pueda buscar tu voluntad
en todo lo que hago.

Amén.

Oración por el perdón

Señor, de infinita bondad, me presento ante Ti con mis errores desnudos
y mi alma sedienta de tu gracia.
Perdona mis pecados.
Borra mis errores y siembra en mí la paz que
solo viene de tu misericordia.
Mira mi fragilidad y cúbrela con tu amor,
para que no vuelva a tropezar con las mismas piedras.
Haz que mi corazón se vuelva dócil a tu voz
y que mis pensamientos encuentren descanso en tu verdad.
Dame el valor de dejar atrás lo que me ata
y la fuerza de caminar en libertad hacia Ti.
Y que en cada nuevo día,
pueda reconocer que tu perdón no solo me purifica,
sino que también me transforma.
Te pido que me ayudes a perdonar a quienes me han ofendido,
de la misma manera, en que tú me has perdonado.
Libérame de la ira y la amargura.
Llena mi corazón con tu amor.
Te pido que me ayudes a perdonar a quienes me han ofendido,
de la misma manera, en que tú me has perdonado.
Libérame de la ira y la amargura.
Llena mi corazón con tu amor.

Amén.

Oración por los enfermos

Señor, oro por todos los que sufren alguna enfermedad física,
mental o espiritual.
Llénalos con tu sanación y consuelo.
Coloca tu mano sanadora sobre ellos
y dales fuerza en su lucha.

Amén.

Una oración por la paz en mi hogar

Dios, estoy cansado del ruido,
de las paredes que resuenan con el silencio o los
gritos, por favor, trae tu calma aquí.
Que cada habitación de esta casa
exhale el peso que hemos llevado y tome algo más
suave, algo completo.
Ayúdanos a escucharnos nuevamente,
no solo las palabras, sino el dolor que hay
detrás de ellas.
Que el amor sea más fuerte que el orgullo
y el perdón más rápido que la ira.
Si la paz es una luz, incluso un destello,
muéstranos cómo protegerla como el fuego
en el frío.
Quédate con nosotros,
permanece en nosotros, hasta que esta casa vuelva a
sentirse como un hogar feliz.
Amén.

Una oración por una creencia firme

Dios, estoy cansado e inseguro,
pero aún quiero creer.
Ayúdame a aferrarme cuando todo en mí
esté listo para dejarse ir.
Mi fe parpadea como una vela en el viento
y necesito tu aliento para mantenerla viva.
No busco la perfección.
Solo quiero la confianza para dar el siguiente paso,
aunque no vea el camino.
Recuérdame que la duda no significa que te haya fallado,
sino que continúo luchando.
Permite que tu amor trascienda el silencio de mi temor y se establezca
como una verdad silenciosa en mis huesos.
Soy tuyo, incluso cuando estoy en un estado de tensión; llévame cuando
me olvide de cómo caminar en fe.
Amén.

Una oración por el discernimiento en un mundo de engaño

Señor, no siempre tengo la capacidad de discernir
entre quien afirma la verdad
y quién usa una máscara.
Padre, abre mis ojos antes de que mi corazón
se pierda en otros caminos.
Haz que anhele escuchar tu voz con tanta fuerza
que nada falso pueda llenarme.
Y cuando las palabras dulces y los grandes
espectáculos busquen seducirme,
hazme recordar que hasta los lobos saben cubrirse
con la piel de un pastor.
No poseo conocimiento por mi mismo,
enséñame a examinar cada espíritu,
a aferrarme a Tu Palabra más que a las promesas
de cualquier persona.
Protege mi alma de las falcesades que parecen beneficiosas,
pero que conducen a la desolación.
Mantenme cerca de Ti,
aun cuando el mundo utilice Tu nombre para su propio beneficio.

Amén.

Oración al Espíritu Santo para recibir guía y tomar decisiones correctas

Espíritu Santo, estoy enfrentando decisiones que me parecen
demasiado pesadas y
no confío en mi entendimiento.
Susurra tu sabiduría en el ruido de mis pensamientos
y muéstrame qué camino
conduce a la vida.
He tomado caminos equivocados, buscando comodidad o aprobación,
pero esta vez quiero seguirte.
Si el camino es duro pero santo,
dame el coraje para tomarlo de todos modos.
Cierra toda puerta que me aleja de Dios e inunda
mi corazón de paz
cuando camino
en tu voluntad.
No dejes que el miedo ni el orgullo sean más fuertes
que Tu voz tranquila dentro de mi.
No me lleves a una respuesta, sino a Ti,
porque Tú eres a quien estoy buscando.

Amén.

Una oración por la salud del cuerpo y del espíritu

Dios, estoy cansado de sentirme débil,
desgastado e inseguro de lo que está
sucediendo dentro de mí.
Por favor, entra en mi cuerpo y tráeme sanación.
Conoces cada célula, cada dolor, cada miedo.
No hablo en voz alta y te necesito ahora más que nunca.
No te pido fuerza para
superar el día. Te pido plenitud de adentro hacia afuera.
Si la curación toma tiempo,
dame paciencia; si llega a través de los médicos,
guía sus manos y sus mentes.
Cuando me despierte con miedo de lo que pueda deparar el día,
acompáñame allí con tu calma.
Sana más que mis síntomas,
sana la preocupación,
la frustración y la soledad de la enfermedad.
Dame una respiración firme,
pasos fuertes y una esperanza anclada en Ti.
Incluso si la sanación no es instantánea,
ayúdame a confiar en que Tú estás
conmigo en todo.

Amén.

MYRA LÓPEZ

Una oración por mi familia

Señor, Tú me diste esta familia,
no perfecta, no sencilla, pero profundamente mía.
Los presento hacia Ti con las manos abiertas.
Cúbrelos con tu protección,
especialmente en los lugares a los que no puedo llegar
y en las batallas que no puedo ver.
Trae paz en los momentos de conflicto.
Sana a los que sufren.
Difunde risas donde persiste el silencio.
Enséñanos a perdonar con
prontitud,
a hablar con ternura y a abrazarnos con gracia.
Cuando la vida nos lleve por caminos diferentes,
sé el centro que nos mantenga unidos.
Ayúdame a amarlos no solo con palabras,
con paciencia, sacrificio y oración.
Fortalece a los que se sienten agotados.
Calma a los ansiosos y trae a casa a los que se sienten lejos,
aunque estén a nuestro lado.
Gracias por cada latido que hemos compartido.
Ayúdanos a crecer en el amor, incluso en medio del caos total.
Amén.

Una oración para mantener a mi familia unida

Dios, me presento ante Ti con un corazón lleno de amor
y preocupación por mi familia.
Te ruego, sostenlos en Tus manos cuando yo no pueda hacerlo.
Observa el dolor que tratan de ocultar.
La tensión que se esconde tras sus sonrisas y el afecto
que a veces se pierde en el tumulto.
Dale la fuerza para apoyarse cuando estén cansados
y así mantenerse de pie.
Ayúdalos a expresar la verdad sin herir y a escuchar
con un corazón que no se apresure a juzgar.
Sana las heridas que hemos causado con el silencio o los gritos
y enséñanos a perdonar con los brazos abiertos.
Que la alegría vuelva a visitar nuestro hogar,
no solamente en los buenos momentos,
sino también en la diversidad.
Guía nuestras decisiones,
protege nuestros cuerpos y calma nuestras mentes inquietas.
Cuando la distancia, la ira o la vida se interpongan,
acércanos el uno al otro y a Ti.
Transforma nuestro hogar en un lugar
donde el amor sea más fuerte que el miedo,
y la gracia nunca falte.
Gracias por el regalo de cada persona a quien llamo familia.
Ayúdame a amarlos, aunque no sean perfectos,
de la misma manera que Tú los amas.

Amén.

Oración por la paz

Dios, este mundo se encuentra en un estado de desmoronamiento.
Ahogado en ira, miedo y profundo dolor.
No pedimos un silencio que oculte nuestro sufrimiento.
Anhelamos una paz verdadera que sane el daño en las personas y las naciones.
Ayúdanos a vernos unos a otros, sin duda ni distancia, sino como tus hijos.
Todos llevamos tu aliento.
Que la justicia se manifieste como una inundación poderosa.
Barriendo el egoísmo y la crueldad que aplastan a los vulnerables.
Que la justicia fluya como un río,
arrastrando el orgullo y el poder que pisotean a los débiles.
Dales valentía a los pacificadores,
sabiduría a los líderes y compasión a quienes alzan la voz.
Abraza al que sufre y recuérdales a los violentos
que el amor es más fuerte que cualquier arma.
Ayúdanos a perdonar lo que parece imperdonable.
Albergar esperanza cuando el mundo nos proporciona
todas las justificaciones para no hacerlo.
Que Tu paz no solo visite este mundo,
sino que viva en él y crezca a través de nosotros.
Silencia el ruido de la ira que ahoga la empatía.
Reemplaza cada semilla de amargura por misericordia que puede florecer.
Ayúdanos a escucharnos nuevamente,
no solo las palabras, sino el dolor que hay detrás de ellas.
Que el amor prevalezca por encima de nuestro orgullo y
que el perdón llegue más rápido que el calor de nuestra ira.
Si la paz es una llama frágil, enséñanos a protegerla,
como las manos que rodean el fuego en el viento invernal.
Gracias por no abandonarnos.
Quédate con nosotros.

Vive en nosotros,
hasta que estos muros se conviertan en tierra santa
y esta casa sea de nuevo nuestro hogar.

Amén.

Oración antes de dormir

Dios, mientras me acuesto en esta noche, te presento mi corazón cansado.
El día se desarrolló con dificultades en lugares que no anticipaba.
No contaba con todas las respuestas disponibles.
Tengo fe en Ti,
sé que Tú me ves,
incluso en silencio.
Calma mis pensamientos desbocados.
Sana lo que duele por dentro.
Perdona mis fallos y ayúdame a soltar lo que no puedo reparar.
Envuélveme en tu paz y recuérdame que no estoy solo,
ni en esta habitación, ni en esta vida.
Quédate conmigo toda la noche.
Háblame mientras duermo.
Y si me despierto,
que sea con Tu voz.

Amén.

Oración de agradecimiento a Dios

Dios, gracias por todo lo que olvidé agradecerte.
Por el impulso y la fuerza para seguir adelante,
incluso cuando la vida pesa demasiado.
Aprecio los momentos de calma,
la amabilidad inesperada y la gracia que no merecía.
Pero la necesitaba más de lo que creía.
Gracias por sostenerme cuando sentí que me estaba desmoronando.
Se presentaron días en los que dudé,
noches en las que lloré y horas en las que me sentí perdido,
pero tú nunca te ausentas.
Te quedaste, incluso en mi silencio,
en mi terquedad.
Gracias por tu paciencia.
Gracias por ver la belleza en mi desorden.
Gracias por considerarme digno,
incluso cuando yo no podía verlo.
Te agradezco por aquellos que me aman,
por las duras lecciones que me ayudaron a evolucionar.
Por cada pequeña luz que has puesto en los lugares más sombríos.
Gracias por amarme, no solo cuando soy fiel,
sino también cuando tengo defectos
y soy olvidadizo.
No lo digo lo suficiente, pero estoy agradecido.
Me has dado más de lo que pedí,
más de lo que merezco y más de lo que a menudo
me doy cuenta.
Por lo tanto, esta noche,
te expreso mi gratitud con total sinceridad.
Con todo lo que soy.
Con toda la esencia que poseo.
Gracias.

Amén.

EPÍLOGO

CARTA DE JESÚS

———— • •●• • ————

Mis amados hijos,

Escribo este mensaje con la mayor urgencia. Un mensaje que me emana de mi corazón quebrantado. Tienes la prueba de cuando estaba en la Tierra. Conoces todo lo que pasé. Viste el dolor de mi madre al verme morir en aquella cruz. Aun así, no lo crees. Numerosas personas me recibieron; sin embargo, muchas me rechazaron. Optaron por la comodidad de la oscuridad en lugar del llamado de la luz. Mi Padre, un Dios de amor, te ha dado muchas oportunidades para alcanzar el cielo, pero las has rechazado.

Lo di todo, mi aliento, mi cuerpo y mi sangre, por un mundo que me escupió en la cara. Te defendí. Asumí tu vergüenza con respeto. Soporté los clavos, no por obligación, sino por un amor más profundo de lo que puedas imaginar. Y, sin embargo, las mismas personas que vine a rescatar me han dado la espalda. Cantan canciones sobre mí, pronuncian mi nombre, pero sus vidas están muy distantes de mí. Mi cruz se ha convertido en un adorno; mis palabras en un ruido de fondo. Veo un mundo que una vez gritó "¡Hosanna!", y ahora se burla de mí con sus ídolos, orgullo y apatía. ¿Sabes lo que es ser olvidado por quienes diste tu vida? ¿O ser traicionado por aquellos que tanto querías? Me causa dolor, no porque sea débil, sino porque mi amor es genuino. El amor siempre siente la herida más profunda.

Similar a los egipcios, se han inclinado ante deidades falsas del oro, el placer, el poder y el ego. Aunque no hay estatuas en sus calles, muchos han entregado sus corazones a dioses que no pueden hablar, salvar ni amar.

Estas cosas que persiguen son vacías, pero las adoran como si les dieran vida. No obstante, únicamente existe un Dios. El Creador del cielo y de la tierra, mi Padre. Vine a mostrarles su corazón. Yo volví para llevarlos a casa con Él. Y aún corren. Con ruido, esperando ahogar el silencio donde antes estaba mi voz. Aún no llenan sus almas. Son fríos e incrédulos. Pero sigo aquí. Herido, sí. Rechazado, sí. Pero esperando, con el mismo amor que una vez extendió sus brazos en una cruz por ti.

Ahora hablo en términos sencillos: el tiempo se está acabando. La puerta de la gracia permanece abierta. No obstante, su apertura no será perdurable. Mi regreso está cerca, no como el Cordero, sino como el juez Justo. No para suplicar, sino para rendir cuentas. Vendré en gloria, no escondido en un pesebre, sino con fuego en mis ojos y verdad en mis palabras. Cada corazón se revelará. Ningún título, excusa o máscara te protegerá de la luz de la verdad. Pero, aun así, hoy te estoy llamando. Sal de las sombras. Deja ir tu amargura, tu orgullo, tu vergüenza. Arrepiéntete de tus pecados. No es demasiado tarde. Sin embargo, la justicia llegará y, con ella, el mundo tal como lo conocen pasará. Para quienes han sufrido, esperado y perseverado, su redención se aproxima. Para quienes han vivido como si nunca hubiera existido, tu momento de decisión es ahora. No mañana. No algún día. En este instante.

No digo esto para alarmarte, sino con el propósito de despertarte. Existe una luz que resplandece eternamente y soy Yo. Siempre he permanecido aquí. No estoy lejos. Soy la verdad que has buscado en los lugares equivocados. Soy la serenidad tras cada noche de incertidumbre. Soy el principio y seré el fin. Tú tienes la última palabra. Elige la vida eterna con mi Padre.

Yo Soy,

Jesús de Nazaret

El fin está cerca. A este mundo le queda poco tiempo. No obstante, el amor de mi Padre es infinito. Él está dispuesto a recibir a todos aquellos que se arrepientan. No permitan que las sombras pasajeras de esta vida los hagan perder su alma. Lo temporal pronto se desvanecerá; la vida es eterna y está llena de paz y amor en el cielo. Vengan antes de que la puerta se cierre; la salvación está cerca y mis brazos están abiertos. Pero no por mucho tiempo.

Mi alma llora de tristeza al ver cuántos de ustedes perderán sus almas y serán condenados. Y cuando dicho evento ocurra, arderán en el infierno, porque el infierno existe. No se dejen engañar. Se arrepentirán y se lamentarán, pero ya no tendrán la oportunidad. Será demasiado tarde. Vivirán en la oscuridad para siempre. El momento es ahora. Cuando regrese a la tierra, regresaré como juez a juzgar a todos, no a perdonar. Arrepiéntanse de sus pecados en este momento. Mañana será tarde.

MYRA LÓPEZ

www.ingramcontent.com/pod-product-compliance
Lightning Source LLC
Chambersburg PA
CBHW071223090426
42736CB00014B/2951